中学英文法

実力アップ問題集

文英堂編集部 編

EXERCISE BOOK ｜ ENGLISH

JN081141

文英堂

実力アップが実感できる問題集です。

1 初めの「重要ポイント／ポイント一問一答」で, 定期テストの要点が一目でわかる!

2 「3つのステップにわかれた練習問題」を順に解くだけの段階学習で, 確実にレベルアップ!

3 苦手を克服できる別冊「解答と解説」。問題を解くためのポイントを掲載した, わかりやすい解説!

標準問題

定期テストで「80点」を目指すために解いておきたい問題です。

差がつく 解くことで, 高得点をねらう力がつく問題。

カンペキに
仕上げる!

実力アップ問題

定期テストに出題される可能性が高い問題を, 実際のテスト形式で載せています。

基礎問題

定期テストで「60点」をとるために解いておきたい, 基本的な問題です。

重要 みんながほとんど正解する, 落とすことのできない問題。

ミス注意 よく出題される, みんなが間違えやすい問題。

基本事項を
確実におさえる!

重要ポイント／ポイント一問一答

重要ポイント 各単元の重要事項を1ページに整理しています。定期テスト直前のチェックにも最適です。

ポイント 一問一答 重要ポイントの内容を覚えられたか,チェックしましょう。

もくじ

1 be 動詞・一般動詞

重要ポイント

① be 動詞の現在形

□ **be動詞の現在形**…主語により **am, are, is** になる。「～である」「～にいる〔ある〕」の意味。

> I **am** Tom. (私はトムです)
> You **are** good players. (あなたたちは上手な選手です)
> She **is** in the garden. (彼女は庭にいます)

> be 動詞の過去形：主語により was, were になる。

□ **be 動詞の否定文** 〈am[are, is]＋not〉… be 動詞のあとに **not** を置く。

> That is **not** a tiger. (あれはトラではありません)

> is not は isn't, are not は aren't と短縮することができる。

□ **be 動詞の疑問文** 〈Am[Are, Is]＋主語～?〉… be 動詞を主語の前に置く。

> **Is** he a student? (彼は学生ですか)

・疑問文への答え方…肯定なら Yes, 否定なら No で答え, be 動詞を使う。

> — **Yes**, he **is**. (はい, そうです) / **No**, he **is not**. (いいえ, ちがいます)

② 一般動詞の現在形

□ **一般動詞**… be 動詞以外のすべての動詞。

□ **一般動詞の現在形**…主語が 3 人称単数のときは, 動詞の最後に **-s[-es]** をつける。

> I **like** music. (私は音楽が好きです)
> She **likes** music. (彼女は音楽が好きです)
> I **have** a dog. (私は犬を飼っています)
> She **has** a dog. (彼女は犬を飼っています)

> 3 人称単数は she, he, it などがある。

□ **一般動詞の否定文** 〈do[does] not＋動詞の原形〉…動詞の原形の前に **do not[don't]** を置く。主語が 3 人称単数のときは **does not[doesn't]** を置く。

> Tom **does not[doesn't]** come. (トムは来ません)

□ **一般動詞の疑問文** 〈Do[Does]＋主語＋動詞の原形～?〉…一般動詞の疑問文は **Do** を主語の前に置き, 動詞を原形にする。主語が 3 人称単数のときは **Does** を置く。

> **Does** she walk to school? (彼女は歩いて学校に行きますか)
> — **Yes**, she **does**. (はい, 行きます)
> — **No**, she **does not[doesn't]**. (いいえ, 行きません)

テストでは
ココが
ねらわれる

● be 動詞の現在形は，主語によって am，are，is と異なるので，きちんと主語を確認すること。

● be 動詞と一般動詞は，否定文・疑問文のつくり方が異なるので注意。

ポイント 一問一答

① be 動詞の現在形

次の英文の（　　）内の正しいものを○で囲みなさい。

□ (1) I (is / am) 14 years old.

□ (2) He (is / are) a high school student.

□ (3) Ken and Tom (is / are) good friends.

□ (4) This (aren't / isn't) my hat.

□ (5) Your sisters (isn't / aren't) in the park.

□ (6) (Are / Is) Ken and Meg kind?

□ (7) (Is / Are) this book interesting?

□ (8) (Are / Am) I wrong?

② 一般動詞の現在形

次の英文の（　　）内の正しいものを○で囲みなさい。

□ (1) I often (am / play) tennis.

□ (2) He (has / have) three soccer balls.

□ (3) (Do / Are) you wake up early?

□ (4) Does he (comes / come) to school by bus?

□ (5) (Do / Does) they live in this town?

□ (6) Tom (doesn't / don't) speak Japanese.

□ (7) We (doesn't / don't) like winter.

□ (8) "Does he play the piano?" "Yes, he (does / do)."

答
① (1) am　(2) is　(3) are　(4) isn't　(5) aren't　(6) Are
(7) Is　(8) Am
② (1) play　(2) has　(3) Do　(4) come　(5) Do　(6) doesn't
(7) don't　(8) does

1 〈be 動詞の意味〉
次の英文の意味に合うように，日本文を完成させなさい。

(1) Tom and I are students.
　　トムと私は（　　　　　　　　　　　　　　　　　　　　　　　）。

(2) Your bag is on the chair.
　　あなたのかばんは（　　　　　　　　　　　　　　　　　　　　　）。

(3) My dog is in the garden.
　　私の犬は（　　　　　　　　　　　　　　　　　　　　　　　　　）。

2 〈be 動詞の否定文・疑問文〉 ●重要
次の英文の（　　）内に適当な 1 語を入れて，(1)(2)は否定文に，(3)(4)は疑問文に，それ
ぞれ書きかえなさい。

(1) She is our teacher.
　　（　　　　　　　）（　　　　　　　　　）our teacher.

(2) I am Aoki Kazuo.
　　（　　　　　　　）（　　　　　　　　　）Aoki Kazuo.

(3) You are American.
　　（　　　　　　　）（　　　　　　　　　）American?

(4) Your father is a doctor.
　　（　　　　　　　）（　　　　　　　　　）（　　　　　　　　　）a doctor?

3 〈be 動詞の疑問文の答え方〉
次の英文の（　　）内に適当な 1 語を入れて，対話文を完成させなさい。

(1) A : Are you Ken's friend?
　　B : Yes, (　　　　　　　)(　　　　　　　　).

(2) A : Is that woman your mother?
　　B : No, (　　　　　　　)(　　　　　　　　).

(3) A : Are Jim and Tom with you?
　　B : Yes, (　　　　　　　)(　　　　　　　　).

4 〈一般動詞の意味〉

次の英文の意味に合うように，日本文を完成させなさい。

(1) My brother likes soccer very much.

私の兄［弟］は（　　　　　　　　　　　　　　　　　　　　）。

(2) She helps her mother every day.

彼女は毎日（　　　　　　　　　　　　　　　　　　　　）。

5 〈一般動詞の使い分け〉

次の英文の（　　　）内に，〔　　　〕内の日本語にあたる動詞を入れなさい。

(1) Ken (　　　　　　　　) to school by bus.〔来る〕

(2) My sister (　　　　　　　　) English hard.〔勉強する〕

6 〈一般動詞の否定文・疑問文〉 🔑重要

次の英文の（　　　）内に適当な1語を入れて，(1)は否定文に，(2)は疑問文に，それぞれ書きかえなさい。

(1) Bob plays tennis on Sundays.

Bob (　　　　　) (　　　　　　　　) tennis on Sundays.

(2) Bill has two sisters.

(　　　　　) Bill (　　　　　　) two sisters?

7 〈一般動詞の疑問文の答え方〉

次の英文の（　　　）内に適当な1語を入れて，対話文を完成させなさい。

(1) A : Do you like music, Mary?

B : Yes, (　　　　　　) (　　　　　　).

(2) A : Does Mary cook every day?

B : No, (　　　　　) (　　　　　　).

ヒント

1 be 動詞には「～である」という意味と「～にいる〔ある〕」という意味がある。

2 (2) am not の短縮形はないので，I am を短縮形にする。

3 答えの文では，疑問文の主語が3人称の場合，代名詞に置きかえること。

5 主語が3人称単数の場合は動詞に -s または -es をつける。

6 動詞の形に注意する。

7 答えの文では，疑問文の主語が3人称の場合，代名詞に置きかえること。

1 次の英文の（　　）内に入る適当な語句を選び，記号で答えなさい。

(1) My brother and I (　　) to school every morning.

　　ア　doesn't walk　　　イ　walks　　　ウ　walk

(2) Ken (　　) a member of the baseball club.

　　ア　is　　　　　　　イ　does　　　　ウ　plays

(3) A beautiful picture (　　) on the wall.

　　ア　is　　　　　　　イ　are　　　　　ウ　has

(4) We (　　) school on weekends.

　　ア　has　　　　　　イ　aren't　　　ウ　don't have

(5) (　　) this singer popular among young people?

　　ア　Does　　　　　イ　Is　　　　　ウ　Are

2 ⚠ ミス注意
次の英文を（　　）内の指示に従って書きかえなさい。

(1) Tom's house is new. (疑問文に)

_____

(2) My house is near the park. (否定文に)

_____

(3) He has a lot of books. (疑問文に)

_____

(4) I have lunch with Mary every day. (否定文に)

_____

3 🏠 差がつく
次の英文を日本語になおしなさい。

(1) Some notebooks are on the table.

　　(　　　　　　　　　　　　　　　　　　　　　　　　)

(2) These boys don't know my name.

　　(　　　　　　　　　　　　　　　　　　　　　　　　)

(3) Are these pictures yours?

　　(　　　　　　　　　　　　　　　　　　　　　　　　)

(4) We have much snow every winter.

　　(　　　　　　　　　　　　　　　　　　　　　　　　)

4 🔑重要

次の日本文の意味を表すように，（　　）内の語句を並べかえなさい。

(1) グリーンさんは数学の先生です。

(teacher / is / math / Ms. Green / a).

_____

(2) 私の友人はケーキをつくるのがとても上手です。

(cakes / friend / makes / my) very well.

_____ very well.

(3) この家にはたくさんの部屋があります。

(many / house / has / this / rooms).

_____

(4) 私の父は毎週日曜日に自分の車を洗います。

(car / father / my / his / washes) every Sunday.

_____ every Sunday.

5 次の日本文の意味を表すように，（　　）内に適当な1語を入れなさい。

(1) これらの花はチューリップではありません。

These flowers (　　　　　　) tulips.

(2) 私の町には図書館が2つあります。

My town (　　　　　　) two libraries.

(3) 私はメアリーの電話番号を知りません。

I (　　　　　)(　　　　　　) Mary's phone number.

(4) 「9月には31日ありますか」「いいえ，ありません」

"Does September have 31 days?" "No, (　　　　　)(　　　　　)."

6 差がつく

次の各組の英文がほぼ同じ意味になるように，（　　）内に適当な1語を入れなさい。

(1) My sister is a high school student.

My sister (　　　　　　) to high school.

(2) Mr. Suzuki teaches English.

Mr. Suzuki (　　　　　　) an English teacher.

2 現在・過去・未来

重要ポイント

① 現在

☐ **現在の文**…現在の状態や事実，習慣的な動作を表す。

Mike often **sleeps** during class.

(マイクはたびたび授業中に居眠りをします)

> 未来の代わりに使われる現在形：確定的な未来の予定を表す場合や，時・条件を表す when や if などのあとに使われて未来のことを表す場合は，必ず現在形を使う。

② 過去

☐ **一般動詞の過去形**…規則動詞と不規則動詞がある。

規則動詞：play − play**ed** / like − like**d** / study − stud**ied** / stop − stop**ped**

不規則動詞：have [has] − **had** / put − **put**

・否定文〈**did not [didn't]**＋動詞の原形〉

She **didn't go** to Yokohama. (彼女は横浜へ行きませんでした)

・疑問文〈**Did**＋主語＋動詞の原形〜?〉

Did Anne **write** a letter? — Yes, she did.

(アンは手紙を書きましたか —はい，書きました)

☐ **be 動詞の過去形**… is, am は was, are は were になる。

|否定文| He **was not [wasn't]** at home yesterday. (彼は昨日，家にいませんでした)

|疑問文| **Were** they busy last Sunday? — No, they were not [weren't].

(彼らは先週の日曜日は忙しかったですか —いいえ，忙しくありませんでした)

③ 未来

☐ 〈**be going to**＋動詞の原形〉「〜しそうだ」「〜するつもりだ」

He **is going to play** the piano. (彼はピアノを弾くつもりです)

|否定文| He **is not [isn't] going to play** the piano. (彼はピアノを弾くつもりはありません)

|疑問文| **Are** you **going to play** the piano? — Yes, I am.

(あなたはピアノを弾くつもりですか —はい，弾くつもりです)

☐ **will**「〜するでしょう」「〜するつもりだ」

Andy **will** call me tomorrow. (アンディは明日私に電話してくるでしょう)

|否定文| Andy **will not [won't]** call me tomorrow.

(アンディは明日私に電話をかけてこないでしょう)

|疑問文| **Will** Andy call me tomorrow? (アンディは明日私に電話をかけてくるでしょうか)

ポイント 一問一答

① 現在

次の英文の（　）内の正しいものを〇で囲みなさい。

☐ (1) He (leave / leaves) home at eight every day.

☐ (2) She (have / has) a cup of coffee every morning.

☐ (3) Ken usually (do / does) his homework before dinner.

② 過去

次の英文の（　）内の正しいものを〇で囲みなさい。

☐ (1) He (lives / lived) in this house ten years ago.

☐ (2) She (wasn't / weren't) good at skiing.

☐ (3) (Was / Were) you at home then?

☐ (4) The police officer (stops / stopped) the car last night.

☐ (5) Mary didn't (come / came) to the party.

☐ (6) (Do / Did) you meet John last Monday?

③ 未来

次の英文の（　）内の正しいものを〇で囲みなさい。

☐ (1) I'm (going to / go to) take the bus.

☐ (2) He (won't / isn't) going to join us.

☐ (3) (Does / Is) she going to call him?

☐ (4) He (will / is) arrive soon.

☐ (5) She (won't / isn't going) take that exam.

☐ (6) (Will / Is) it rain tomorrow?

答
① (1) leaves　(2) has　(3) does
② (1) lived　(2) wasn't　(3) Were　(4) stopped
　　(5) come　(6) Did
③ (1) going to　(2) isn't　(3) Is　(4) will
　　(5) won't　(6) Will

1 〈現在・過去・未来の文①〉 🔘重要

次の英文の（　　）内に入る適当な語句を選び，記号で答えなさい。

(1) Tom didn't (　　) there.
ア go　　　　イ goes　　　　ウ went　　　　エ going

(2) She will (　　) to the park.
ア go　　　　イ goes　　　　ウ went　　　　エ going

(3) I (　　) him last Saturday.
ア see　　　　イ saw　　　　ウ will see　　　　エ seeing

(4) We (　　) a good time yesterday.
ア have　　　　イ has　　　　ウ had　　　　エ having

(5) I am not (　　) go to school tomorrow.
ア go to　　　　イ went to　　　　ウ going　　　　エ going to

(6) "(　　) she help her mother every day?" "Yes, she does."
ア Do　　　　イ Does　　　　ウ Did　　　　エ Will

(7) She saw me and (　　).
ア laugh　　　　イ laugh at　　　　ウ laughed　　　　エ will laugh

(8) John (　　) of one of his old friends.
ア think　　　　イ don't think　　　　ウ thought　　　　エ thinking

(9) "(　　) your sister going to study in the U.S.?" "Yes, she is."
ア Are　　　　イ Is　　　　ウ Will　　　　エ Does

2 〈現在・過去・未来の文②〉 🔘重要

次の英文中の（　　）内の動詞を必要に応じて適当な形になおしなさい。

(1) I (read) that book last year.　　　　　＿＿＿＿＿＿＿

(2) She (run) along the river every morning. She enjoys it.　　　　＿＿＿＿＿＿＿

(3) He (teach) me English when I was young.　　　　＿＿＿＿＿＿＿

(4) It was a warm sunny day, so he (lie) down on the grass.　　　　＿＿＿＿＿＿＿

(5) Mary will (is) in the library this afternoon.　　　　＿＿＿＿＿＿＿

3 〈現在・過去・未来の文③〉
次の日本文の意味を表すように，（　　）内に適当な1語を入れなさい。

(1) 私は教師です。私の妹も教師になるでしょう。

I (　　　　　　) a teacher. My sister (　　　　　　) (　　　　　　) a teacher, too.

(2) 彼の父親は有名な科学者でしたが，彼はそのようにはならないでしょう。

His father (　　　　　　) a famous scientist, but he (　　　　　　) not (　　　　　　) like him.

(3) 今は晴れていますが，すぐに雨が降るでしょう。

It (　　　　　　) fine now, but it (　　　　　　) (　　　　　　) soon.

4 〈過去の文〉 ⚠ ミス注意
（　　）内の語句を並べかえて，対話文を完成させなさい。ただし，下線部の単語は適当な形にかえること。

(1) A : What did you do last Friday?

B : (<u>go</u> / I / the / to / with / zoo / friends / my).

_____

(2) A : Why was your mother angry yesterday?

B : Because (not / homework / do / I / my / <u>do</u>).

Because _____.

(3) A : What (go / <u>do</u> / time / to / you / last night / bed)?

B : I don't remember ..., but not before nine.

What _____?

ヒント ➡ にはポイントになる単語の発音と意味が掲載されています。

1 時を表す副詞や語句に注意する。
➡ laugh [lǽf ラフ] 笑う

2 時を表す副詞や語句のほか，動詞の時制にも注意する。
➡ along [əlɔ́(ː)ŋ アロ(ー)ング] 〜に沿って　warm [wɔ́ːrm ウォーム] 暖かい
lie down 横になる　grass [grǽs グラス] 草，芝生（しばふ）

3 未来は will または be going to 〜 で表す。
➡ famous [féiməs フェイマス] 有名な　scientist [sáiəntist サイエンティスト] 科学者
like [láik ライク] 〜のような（ここでは前置詞）

4 ➡ because [bikɔ́(ː)z ビコ(ー)ズ] 〜なので　remember [rimémbər リメンバァ] 〜を覚えている

1 🔑重要
次の英文の（　）に入る適当な語句を選び，記号を○で囲みなさい。

(1) Kumi (　　　) her car next Sunday.
　　ア washed　　　イ washes　　　ウ will wash　　　エ washing

(2) She (　　　) a long love letter to him last night.
　　ア write　　　イ wrote　　　ウ written　　　エ writing

(3) (　　　) you sick at that time?
　　ア Is　　　イ Are　　　ウ Was　　　エ Were

(4) He (　　　) a famous scientist last year.
　　ア become　　　イ becomes　　　ウ became　　　エ is becoming

(5) Everyone in this class (　　　) to study hard for tests.
　　ア try　　　イ tries　　　ウ trying　　　エ to try

(6) I will wait for him until he (　　　) home tonight.
　　ア was coming　　　イ came　　　ウ comes　　　エ will come

(7) Each of the seasons (　　　) its own beauty.
　　ア are　　　イ has　　　ウ is　　　エ have

(8) If he calls and asks me to go on a date tonight, I (　　　) out with him!
　　ア will go　　　イ go　　　ウ went　　　エ have been going

2 次の日本文の意味を表すように，（　）内に適当な1語を入れなさい。

(1) トムはその話を知っていました。
　　Tom (　　　　　　　　) the story.

(2) 昨夜は7時に夕飯を食べました。
　　We (　　　　　　　) dinner at seven last night.

(3) メグは何をつくったのですか。
　　What (　　　　　　　) Meg (　　　　　　　)?

(4) 彼はサッカーが好きですか。
　　(　　　　　　　) he (　　　　　　　) soccer?

(5) 私たちは放課後，図書室で勉強するつもりです。
　　We (　　　　　　　) (　　　　　　　　　) to study in the library after school.

3 次の日本文の意味を表すように，（　）内の語を並べかえなさい。

(1) 私は先週，彼らと川に泳ぎに行きました。

(in / went / the / river / swimming / I / with) them last week.

_____ them last week.

(2) 彼は冬によくかぜをひきます。

(winter / he / often / catches / cold / in).

_____

(3) 彼女は今晩，食事をつくる予定です。

(is / to / make / going / she) dinner this evening.

_____ dinner this evening.

(4) 今度の日曜日は晴れるでしょうか。

(be / Sunday / it / next / sunny / will)?

_____

4 ⚠ ミス注意
次の日本文を，（　）内の語を使って英語になおしなさい。（　）内の語は必要に応じて適当な形にかえて使うこと。

(1) 彼はたいてい夕食前に宿題をします。(usually, do)

_____

(2) 私の妹はピアノを持っていません。(do, have)

_____

(3) マイクは先月，東京に行きました。(Mike, go)

_____

(4) あなたは明日ひまですか。(will, are)

_____

5 差がつく
下線部の単語を正しい形になおし，全文を書きかえなさい。

(1) My teacher said today that the earth <u>moved</u> around the sun.

_____

(2) We don't know when he <u>comes</u> here.

_____

3 進行形・助動詞

重要ポイント

① 進行形

□ **現在進行形** 〈am[are, is]＋-ing〉「～している」

現在行われている動作を表す。

He **is playing** the guitar.（彼はギターを弾いています）

[否定文] He **is not[isn't] playing** the guitar.

[疑問文] **Is** he **playing** the guitar?

> like, know などの状態を表す動詞は進行形にできない。

□ **過去進行形** 〈was[were]＋-ing〉「～していた」

過去のある時点に行われていた動作を表す。

She **was cooking** dinner then.（彼女はそのとき夕食をつくっていました）

② 助動詞

□ **can**「～できる」〔能力・可能〕，「～してもよい」〔許可〕
「（否定文で）～のはずがない」

過去形は **could**。能力・可能の can は **be able to** でいいかえられる。

He **can** swim very well.（彼はとても上手に泳げます）

Can I use this computer?（このコンピューターを使ってもいいですか）

He **cannot** say so.（彼がそういうはずがありません）

□ **may**「～してもよい」〔許可〕「～かもしれない」〔推量〕

May I read this book?（この本を読んでもいいですか）

He **may** help you.（彼はあなたを助けてくれるかもしれません）

□ **must**「～しなければならない」〔必要・義務〕
「（否定文で）～してはいけない」〔禁止〕「～にちがいない」〔強い推量〕

必要・義務の must は **have[has] to** でいいかえられる。

I **must** do my homework today.（私は今日宿題をしなければなりません）

It **must** be true.（それは本当にちがいありません）

□ **Will you ～?**「～してくれませんか」〔依頼〕，「～しませんか」〔勧誘〕

Will you carry this bag?（このかばんを持ってくれませんか）

□ **Shall I ～?**「（私が）～しましょうか」〔相手の意志〕，
Shall we ～?「（いっしょに）～しましょうか」〔提案〕

Shall we ～? は **Let's ～.** でいいかえられる。

16

- ● -ing 形のつくり方を求める出題が多い。making, cutting, lying などに注意。
- ● cannot, may, must は，文の前後関係によって意味を考えることが大切。
- ● must = have to のいいかえは必出。have to は主語によって has to になる。

ポイント 一問一答

① 進行形

次の英文の（　　）内の正しいものを○で囲みなさい。

- ☐ (1) Tom (is reading / reads) a book now.
- ☐ (2) I (was walking / walk) to the station at that time.
- ☐ (3) (Does / Is) that dog sleeping?
- ☐ (4) (Are / Were) you using the computer at that time?
- ☐ (5) Jim (doesn't / isn't) cleaning his room now.
- ☐ (6) Jane (wasn't listening / don't listen) to the radio then.

② 助動詞

次の英文の（　　）内の正しいものを○で囲みなさい。

- ☐ (1) I can (swim / swimming) 1,000 meters.
- ☐ (2) Can I (have / had) a cup of coffee?
- ☐ (3) She (cannot / isn't) do such a thing.
- ☐ (4) You (were able to / may) leave now.
- ☐ (5) (May I / Am I) ask your name?
- ☐ (6) I (must / didn't) stay at home all day today.
- ☐ (7) Stop! You (mustn't / must) run in the corridor.
- ☐ (8) I can't find his bike. He (must / will not) be out.
- ☐ (9) She may (know / do not know) the truth.
- ☐ (10) My friends (weren't / couldn't) able to answer my question.
- ☐ (11) "(Will / Can) you have this?"
    —"Yes. Thank you."
- ☐ (12) "(Will / Shall) we go together?"
    —"Yes, let's."

- -

答 ① (1) is reading (2) was walking (3) Is (4) Were (5) isn't
　　 (6) wasn't listening
　② (1) swim (2) have (3) cannot (4) may (5) May I (6) must (7) mustn't
　　 (8) must (9) know (10) weren't (11) Will (12) Shall

17

1 〈進行形の形〉
次の（　　）内の語を適当な形にしなさい。

(1) He is (cook) breakfast in the kitchen.　　　　　　　　_____

(2) My brother is (take) a bath now.　　　　　　　　_____

(3) My sister is (use) a computer in her room now.　　　　_____

(4) Bob and Ken were (run) together in the park then.　　　_____

(5) Were you (watch) TV at that time?　　　　　　　　_____

2 〈進行形の文への書きかえ〉
次の英文を（　　）内の指示に従って書きかえなさい。

(1) Jim and Takeshi paint the wall.（now を加えて現在進行形の文に）

　　_____

(2) An old man sat on the bench.（then を加えて過去進行形の文に）

　　_____

(3) Tom swims in the pool.（now を加えて現在進行形の文に）

　　_____

(4) Bob ran in the park.（at that time を加えて過去進行形の文に）

　　_____

3 〈進行形の否定文・疑問文〉 ●重要
次の英文を（　　）内の指示に従って書きかえなさい。

(1) He was reading the newspaper at that time.（否定文に）

　　_____

(2) Mary doesn't write a letter to her aunt.（now を加えて現在進行形の文に）

　　_____

(3) Does she study English?（now を加えて現在進行形の文に）

　　_____

(4) What does he cook in the kitchen?（now を加えて現在進行形の文に）

　　_____

4 〈助動詞の意味〉
次の日本文の意味を表すように，（　　）内から適当な語を選び，○で囲みなさい。

(1) メグはピアノをとても上手に弾くことができます。

Meg (can / may / must) play the piano very well.

(2) ケンのお父さんは医者かもしれません。

Ken's father (may / must / need) be a doctor.

(3) 電気を消しましょうか。

(Can / Will / Shall) I turn off the light?

(4) 彼は私に怒っているにちがいありません。

He (may / can / must) be angry with me.

(5) うそをついてはいけません。

You (cannot / won't / mustn't) tell a lie.

5 〈助動詞の疑問文と答え方〉 🔊重要
（　　）内に適当な1語を入れて，対話を完成させなさい。

(1) (　　　　　　　) (　　　　　　　) speak French?

— No, he can't.

(2) (　　　　　　　) (　　　　　　　) open this box?

— Yes, let's.

(3) (　　　　　　　) (　　　　　　　) touch this picture?

— No, you must not.

 ヒント

1 それぞれの動詞の -ing 形に注意。
➡ take a bath 風呂に入る
2 進行形は 〈be 動詞＋-ing〉の形。
➡ bench [béntʃ ベンチ] ベンチ
3 (3)(4) 進行形の疑問文は be 動詞を主語の前に出す。疑問詞がある場合は，疑問詞のあとに 〈be 動詞＋主語〉がくる。
4 (3) turn off 〜「〜を消す」
➡ lie [lái ライ] うそ　tell a lie うそをつく
5 (3) 許可を求める表現にする。
➡ touch [tʌtʃ タッチ] 〜にさわる

1 次の英文の（　　）内に入る適当な語句を選び，記号で答えなさい。

(1) Mary (　　) to take a walk with her dog.

　　ア　have　　　　　イ　has　　　　　ウ　must　　　　　エ　may

(2) "(　　) I copy this?" "No, thank you."

　　ア　Must　　　　　イ　Shall　　　　ウ　Will　　　　　エ　Do

(3) "(　　) I help you?" "No, thank you.　I'm just looking."

　　ア　May　　　　　イ　Must　　　　ウ　Will　　　　　エ　Does

(4) Mike can't speak Japanese, so we (　　) talk with him in English.

　　ア　can't　　　　イ　have to　　　ウ　aren't　　　　エ　mustn't

(5) He was able to answer the difficult question, so he (　　) be clever.

　　ア　must　　　　イ　mustn't　　　ウ　will　　　　　エ　won't

(6) You ate so much, so you (　　) be hungry.

　　ア　cannot　　　イ　must not　　　ウ　can　　　　　エ　must

2 ⚠️ミス注意

次の各組の英文がほぼ同じ意味になるように，（　　）内に適当な1語を入れなさい。

(1) Don't speak so loudly.

　　You (　　　　　　) (　　　　　　　) speak so loudly.

(2) Do your homework at once.

　　You (　　　　　　　) do your homework at once.

(3) Please come to my house this afternoon.

　　(　　　　　　) (　　　　　　　　) come to my house this afternoon?

(4) Let's go camping next weekend.

　　(　　　　　　) (　　　　　　　　) go camping next weekend?

(5) During my stay in Tokyo, I visited Asakusa.

　　While　(　　　　　　　) (　　　　　　　) (　　　　　　　　) in Tokyo, I visited Asakusa.

(6) Kenji is a good swimmer.　He can swim 500 meters in the sea.

　　Kenji is a good swimmer.　He (　　　　　　　) (　　　　　　) (　　　　　　　) swim 500 meters in the sea.

3 次の日本文の意味を表すように，（　）内に適当な1語を入れなさい。

(1) 彼女は私たちといっしょに来る必要はありません。

She (　　　) (　　　) to come with us.

(2) 彼が台所で勉強しているのはなぜですか。

(　　　) (　　　) (　　　) studying in the kitchen?

4 🔑重要

次の日本文の意味を表すように，（　）内の語を並べかえなさい。

(1) 駅まで乗せていってくれますか。

(ride / have / I / may / the / a / to / station)?

_____

(2) 私の母は毎朝6時に起きなければなりません。

(my / at / get / to / every / must / up / morning / six / mother). (1語不要)

_____

(3) もう一杯コーヒーをいかがですか。

(another / you / coffee / of / will / have / cup)?

_____

(4) 来週の日曜日，彼女と買い物に行ってもいいですか。

(I / with / may / Sunday / go / her / next / shopping)?

_____

(5) 写真をとってあげましょうか。

(take / for / shall / a / I / you / picture)?

_____

5 🏠がっく

次の英文を（　）内の指示に従って書きかえなさい。

(1) Tom lay on the bed. (過去進行形の文に)

_____

(2) Don't be noisy in this concert hall. (ほぼ同じ意味を表す must を用いた肯定文に)

_____

4 現在完了

① 現在完了の形と用法

□ **現在完了の形** 〈have [has] ＋過去分詞〉

否定文 〈have [has] not＋過去分詞〉 疑問文 〈Have [Has] ＋主語＋過去分詞～?〉

疑問文の答え方 Yes, I have. / No, I haven't.

・現在完了と過去のちがい…現在完了は，過去の出来事や状態を現在の状況に関連づけて述べる表現。それに対して過去形は，過去の事実を単に事実として述べる表現。

□ **「完了」を表す現在完了**…「～したところだ」の意味を表す。

Have you **done** your homework **yet**? (あなたはもう宿題を終えましたか)

・よく使う語句 [肯定文] **just** (ちょうど)，**already** (すでに)

　　　　　　 [疑問文] **yet** (もう) [否定文] **not ～ yet** (まだ～ない)

□ **「結果」の意味と用法**…「～してしまった」の意味を表す。

She has become a doctor. (彼女は医者になりました)

・have been to ～…「～へ行ったことがある」〔経験〕，「～へ行ってきたところだ」〔完了〕。

I have been to Canada. (私はカナダに行ったことがあります)

・have gone to ～…「～へ行ってしまった」〔結果〕を表す。

She has gone to the library. (彼女は図書館へ行ってしまいました)

□ **「経験」を表す現在完了**…「～したことがある」の意味を表す。

I have visited the place **three times**. (私は3度その場所を訪れたことがあります)

・よく使う語句 **once** (1度，かつて)，**before** (前に)，**never** (1度も～ない)

ever (かつて)…疑問文〈Have you ever ...?〉で経験をたずねる。

～ times (～度，～回)…「2回」はふつう twice を用いる。

> How many times
> ～? (どのくらい [何回] ～?)

□ **「継続」を表す現在完了**…「ずっと～している」の意味を表す。

I have been busy **since** last Friday. (私は先週の金曜日からずっと忙しいです)

・よく使う語句

for ～ (～の間)，**since ～** (～から)，**all day (long)** (一日中)

> How long ～?「どのくらいの期間～していますか」に答えるときは for ～ や since ～ を使う。

② 現在完了進行形

過去から現在までの動作の継続「(ずっと) ～している」は

〈have [has] ＋been＋現在分詞 (-ing)〉の形で表す。

It has been raining since last night. (昨夜から雨が降り続いています)

●現在完了は副詞（句）と共に覚えよう。just, already は「完了」, ever, never は「経験」
の現在完了の文で用いられる。また，文中で使われる位置も確認しておこう。
● 4 つの用法の中でも「継続」はよく出題される。

ポイント 一問一答

① 現在完了の形と用法

次の英文の（　　）内の正しいものを○で囲みなさい。

☐ ⑴ I have (knew / known) Mr. Brown for five years.

☐ ⑵ My brother (have not / hasn't) washed the dishes yet.

☐ ⑶ Have you ever (visit / visited) Okinawa?

☐ ⑷ I have (ever / never) (meet / met) your father.

☐ ⑸ Have you (ate / eaten) dinner yet?

☐ ⑹ We have (go / been) to Alaska before.

☐ ⑺ My sister has just (went / gone) to the party.

☐ ⑻ She has been in London (for / since) two days.

☐ ⑼ I have met her (twice / two days ago).

☐ ⑽ "Have you done your homework yet?"
　　　—"Not (now / yet)."

☐ ⑾ I have lived in this town (since / for) 10 years.

☐ ⑿ I (have come / came) here last year.

☐ ⒀ She has (never / before) traveled abroad.

☐ ⒁ I (have played / played) the piano when I was young.

☐ ⒂ "How (often / long) has he been a member of this club?"
　　　—"(For / Since) two years."

② 現在完了進行形

次の英文の（　　）内の正しいものを○で囲みなさい。

☐ ⑴ Tom has been (studied / studying) for three hours.

☐ ⑵ I have been reading books (since / for) this morning.

答 ① ⑴ known ⑵ hasn't ⑶ visited ⑷ never, met ⑸ eaten ⑹ been
⑺ gone ⑻ for ⑼ twice ⑽ yet ⑾ for ⑿ came ⒀ never
⒁ played ⒂ long, For
② ⑴ studying ⑵ since

基 礎 問 題

▶答え　別冊p.8

1 〈現在完了の形と意味〉
（　　）内に［　　］内の動詞を正しい形になおして入れ，完成した文の意味を書きなさい。

(1) I have (　　　　　　　) here since this morning.［ be ］

私は今朝から（　　　　　　　　　　　　　　　　　　）。

(2) Tom has just (　　　　　　　) his homework.［ finish ］

トムはちょうど宿題を（　　　　　　　　　　　　　　　　　）。

(3) Have you ever (　　　　　　　) that food?［ eat ］

あなたは今までにその食べ物を（　　　　　　　　　　　　　　　）。

2 〈現在完了の疑問文と答え方〉
次の対話が成り立つように，（　　）内から適当な語を選び，記号を○で囲みなさい。

(1) A :（ ア　Do　　イ　Have　　ウ　Did　　エ　Has ）he started for Sendai?

B : No, not yet. But he'll be able to start soon.

(2) A : Has she ever seen the famous picture?

B : No, she（ ア　doesn't　　イ　wasn't　　ウ　haven't　　エ　hasn't ）.

(3) A : How long have you known Jane?

B : I have known her（ ア　for　　イ　yet　　ウ　since　　エ　once ）last month.

3 〈現在完了の文①〉🔊重要
次の日本文の意味を表すように，（　　）内の語句を並べかえなさい。

(1) 私はそんな美しい絵を見たことがありません。

I (a / seen / never / picture / such / have / beautiful).

I _____ .

(2) 彼は福岡へ行ってしまいました。（1語不要）

(to / Fukuoka / gone / he / been / has).

_____

(3) 私たちはもう2時間もバスを待ち続けています。（2語不要）

We (waiting / the bus / are / been / waited / for / have) for two hours now.

We _____ for two hours now.

4 〈現在完了の用法〉 🔊重要

次の英文の下線部と同じ用法を含む文を，下のア～エから選び，記号で答えなさい。

(1) I have been busy since last week. （　　　）

(2) My father has talked with the man three times. （　　　）

(3) Peter has just bought a new CD. （　　　）

(4) She has become a popular singer. （　　　）

　　ア　I have never seen such a kind lady.

　　イ　She has gone to Nagoya.

　　ウ　My uncle has lived in Tokyo for ten years.

　　エ　Have you written a letter yet?

5 〈現在完了の文②〉

次の日本文の意味を表すように，（　　）内から適当な語を選び，○で囲みなさい。

(1) 私たちは1度京都へ行ったことがあります。

　　We have (ア　go　　イ　went　　ウ　been) to Kyoto once.

(2) きみはどのくらい［何回］北海道を訪れたことがありますか。

　　How (ア　long　　イ　many　　ウ　much) times have you visited Hokkaido?

(3) 私は2年間ずっと病気です。

　　I have been sick (ア　since　　イ　for　　ウ　between) two years.

6 〈現在完了の文の意味〉

次の英文を日本語になおしなさい。

(1) I have climbed Mt. Fuji twice.

　　私は2度（　　　　　　　　　　　　　　　　）。

(2) Jim has never eaten such a delicious pizza.

　　ジムはそんなおいしいピザを（　　　　　　　　　　　　）。

(3) I have had a toothache all day.

　　私は1日中（　　　　　　　　　　　　　　　　）。

ヒント

3 (1)「～を見たことがない」have [has] never seen ～
　(2)「～へ行ってしまった（今はここにいない）」have [has] gone to ～
5 (2)「どのくらい」と「回数」をたずねている。
　(3)「2年間ずっと」と期間を示す場合は for を使う。
6 ▶ delicious[dilíʃəs ディリシャス] 実においしい　toothache[túːθeik トゥースエイク] 歯痛

1 次の英文の（　　）内に入る適当な語句を選び，記号で答えなさい。

(1) I haven't seen Kate (　　) last winter.

　　ア　for　　　　　イ　after　　　　　ウ　before　　　　エ　since

(2) She (　　) to the pool last Thursday.

　　ア　has gone　　イ　has been　　　ウ　went　　　　エ　would go

(3) My grandfather (　　) four years.

　　ア　has been dead for　　　　　　イ　has been dead since

　　ウ　was dead for　　　　　　　　エ　is dead since

2 次の（　　）内の語句を並べかえて，英文を完成させなさい。

(1) Have (to / Hakone / ever / you / been)?

Have ＿＿＿＿＿＿＿＿＿＿＿＿＿＿＿＿＿＿＿＿＿＿＿＿＿＿＿＿＿＿ ?

(2) (a letter / have / yet / I / to / him / already / written). （1語不要）

＿＿＿＿＿＿＿＿＿＿＿＿＿＿＿＿＿＿＿＿＿＿＿＿＿＿＿＿＿＿＿＿＿＿

(3) A : I bought a new bike. Let's go to Enoshima by bike next month.

　　B : Sure. I have (bike / walk / from / a / ride / never) to Enoshima.

　　　　　　　　　　　　　　（2語不要。1語を適切な形になおす）

　　I have ＿＿＿＿＿＿＿＿＿＿＿＿＿＿＿＿＿＿＿＿＿＿＿ to Enoshima.

3 ⚠ ミス注意
次の日本文の意味を表すように，（　　）内に適当な1語を入れなさい。

(1) 私たちはまだ今日の宿題を終えていません。

We have (　　　　　　　) finished our homework for today (　　　　　　　).

(2) 先週から疲れがとれません。

I have (　　　　　) (　　　　　) since last week.

(3) 彼らは今駅に着いたところです。

They (　　　　　) just (　　　　　　) at the station.

4 次の日本文の意味を表すように，（　）内の語句を並べかえなさい。

(1) スタジアムには何度行ったことがありますか。

(you / the / have / how / stadium / visited / often)?

_____

(2) 私たちはお互いに10年来の知り合いです。

(ten years / known / we / each other / have / for).

_____

(3) 私はちょうど母への手紙を書き終えたところです。

(have / my mother / I / written / to / just / a letter).

_____

(4) 何回その映画をトムといっしょに見ましたか。

(times / Tom / seen / how / you / the movie / with / many / have)?

_____

(5) 私たちは今までにそんなおもしろい話を聞いたことがありません。

(a / have / story / we / never / heard / funny / such).

_____

(6) あの日からもう7年の月日がたちました。(1語不足)

(that / seven / day / already / years / since / have).

_____

(7) 私は彼女に会いに公園へ行ってきたところです。(1語不足)

(her / I / see / park / the / have / to / to).

_____

(8) あなたは彼にもうその話をしてしまいましたか。

(you / him / yet / the story / told / have)?

_____

(9) 母はまだ皿を洗っていません。(1語不要)

(dishes / yet / hasn't / my mother / the / washed / already).

_____

(10) 私はとても疲れました。3時間もコンピューターを使っていましたから。(1語不要)

I'm very tired. (used / been / three hours / have / using / for / the computer / I).

_____

5 🔑重要

次の各組の英文がほぼ同じ意味になるように，（　）内に適当な1語を入れなさい。

(1) My uncle went to India last May, and he is still there.

My uncle has (　　　　　　) in India (　　　　　　) last May.

(2) We have no experience of traveling abroad.

We (　　　　) (　　　　　　) visited a foreign country.

(3) This is Jack's first trip to Hokkaido.

Jack has (　　　　) (　　　　　　) to Hokkaido before.

(4) Anne hasn't written to me for a long time.

I haven't (　　　　　　) from Anne for a long time.

(5) I went to Tokyo and just came back now.

I have just (　　　　) (　　　　　) Tokyo.

(6) I became friends with him ten years ago. We are still good friends.

We (　　　　) (　　　　　) good friends for ten years.

(7) My mother went shopping, and she isn't here now.

My mother has (　　　　　) shopping.

(8) Yuki began to play the piano an hour ago, and she's still playing the piano.

Yuki (　　　　) (　　　　) (　　　　　) the piano for an hour.

(9) Mr. Smith has lived in Kyoto for ten years.

Ten years (　　　　　) (　　　　) (　　　　　) Mr. Smith began to live in Kyoto.

6 次の各組の対話文が成立するように，（　）内に入るものを選び，記号で答えなさい。

(1) A : Do you know Mr. Yamamoto?

B : Yes, I (a) known him (b) ten years.

ア do　　　　　イ have　　　　ウ was　　　　エ for

(2) A : I'm from California. Have you ever been there?

B : No, not (　　　). I want to go there next year.

ア ever　　　　イ already　　　ウ yet　　　　エ since

(3) A : I read *I Am a Cat* written by Natsume Soseki last week.

B : (　　　) Will you lend me the book?

ア I've read it, too.　　　　　イ I've never read it.

ウ I have read it three times.　エ I don't want to read it.

28

7 次の英文を（　　）内の指示に従って書きかえなさい。

(1) She has been in France <u>for two weeks</u>. （下線部を中心にたずねる文に）

_____

(2) They have been to Aomori before. （否定文に）

_____

(3) She <u>has been</u> to Hawaii three years ago. （下線部の誤りを正し，全文を書きかえる）

_____

(4) When <u>have you finished</u> your homework? （下線部の誤りを正し，全文を書きかえる）
　— <u>I have finished</u> it yesterday.

_____

_____

8 差がつく
次の日本文を英語になおしなさい。

(1) 兄はちょうど車を洗い終えたところです。

_____

(2) トムと私は20年来の友だちです。

_____

(3) 私の姉は先週からずっと忙しくしています。

_____

(4) 私はこんなに美しい山を見たことがありません。

_____

(5) あなたは今までに何度外国へ行ったことがありますか。

_____

(6) 彼らは4時から学校の周りを走り続けています。

_____

5 受け身

① 受け身 [受動態] の形と意味／否定文と疑問文

☐ **能動態と受け身 [受動態]**…文には能動態「〜する」と受け身 [受動態]「〜される」がある。

☐ **受け身の形〈主語＋be 動詞＋過去分詞 (＋by 〜)〉**…

受け身は〈be 動詞＋過去分詞〉で表す。**by 〜**「〜によって」は行為者を表し，必要がない場合や不明な場合は省略される。

> 主な不規則動詞の過去分詞は p.36-37参照。

能動態 Many people **read** this book. (多くの人々がこの本を読んでいます)

受け身 This book **is read** by many people . (この本は多くの人々に読まれています)

☐ **助動詞を含む受け身の文**…〈can [will, must など]＋be＋過去分詞〜〉とする。

☐ **受け身の否定文**…be 動詞のあとに **not** を置く。

He **was not invited** to the party. (彼はそのパーティーに招待されませんでした)

☐ **受け身の疑問文**…〈Be 動詞＋主語＋過去分詞〜 ?〉になる。疑問詞がある場合は〈疑問詞＋be 動詞＋主語＋過去分詞〜 ?〉になる。

Is the computer **used** by your father? — Yes, it is. / No, it isn't.

(そのコンピューターはあなたのお父さんによって使われますか—はい，使われます／いいえ，使われません)

② いろいろな受け身の文

☐ **〈主語＋動詞＋目的語＋目的語〉の受け身の形**…目的語が 2 つあるため，2 つの受け身ができる。

能動態 He **gave** me this book. (彼が私にこの本をくれました)

人が主語の受け身 I **was given** this book by him.

ものが主語の受け身 This book **was given** to me by him.

☐ **〈主語＋動詞＋目的語＋補語〉の受け身の形**…目的語が受け身の文の主語になる。

補語は動詞のあとにそのまま置く。

能動態 We **elected** John chairman. (私たちはジョンを議長に選びました)

受け身 John **was elected** chairman (by us). (ジョンは議長に選ばれました)

☐ **by 以外の前置詞をとる受け身**

be interested in 〜 (〜に興味がある)，**be surprised at 〜** (〜に驚く)

be pleased with 〜 (〜に喜ぶ)，**be known to 〜** (〜に知られている)

ポイント **一問一答**

① 受け身 [受動態] の形と意味／否定文と疑問文

次の英文の ( ) 内の正しいものを○で囲みなさい。

☐ (1) That baseball player (likes / is liked) by young people.

☐ (2) This TV program (is watching / is watched) by many people.

☐ (3) English (speaks / is spoken) in Australia.

☐ (4) (Did / Was) this cake made by your sister?

☐ (5) The computer was (used not / not used) by (she / her).

☐ (6) Was the tree (plant / planted) by Bob?

☐ (7) Kate will (be tell / be told) the news by her mother.

② いろいろな受け身の文

次の英文の ( ) 内の正しいものを○で囲みなさい。

☐ (1) He (was given / gave) his sister a present.

☐ (2) This cloth is made (from / for) plastic.

☐ (3) That table is made (of / from) wood.

☐ (4) He (is called / called) Ed by everyone.

☐ (5) I am (interested / interesting) in this new video game.

☐ (6) Yoshio is (knew / known) to everybody in this school.

☐ (7) My mother was surprised (on / at) the news.

答

① (1) is liked (2) is watched (3) is spoken (4) Was
　 (5) not used, her (6) planted (7) be told
② (1) gave (2) from (3) of (4) is called (5) interested (6) known (7) at

▶答え　別冊p.12

1 〈受け身の形〉
次の英文の（　　）内から適当な語を選び，〇で囲みなさい。

(1) Breakfast (is / am / are) cooked by my father every morning.

(2) The dictionary was put there by (he / his / him).

(3) These pictures were (taking / took / taken) by my father.

2 〈受け身の文への書きかえ〉 ⚷重要
次の英文の（　　）内に適当な1語を入れて，受け身の文に書きかえなさい。

(1) I love my dog.
→ My dog (　　　　　　) (　　　　　　) by me.

(2) Takeshi wrote the letter in English.
→ The letter (　　　　　　) (　　　　　　) by Takeshi in English.

(3) Tom didn't use the cellular phone.
→ The cellular phone (　　　　　　) (　　　　　　) by Tom.

(4) Did he catch a big fish?
→ (　　　　　　) a big fish (　　　　　　) by him?

(5) When did the guard open the gate?
→ When (　　　　　　) the gate (　　　　　　) by the guard?

3 〈受け身と能動態の書きかえ〉
次の各組の英文がほぼ同じ意味になるように，（　　）内に適当な1語を入れなさい。

(1) When did they build the castle?
When (　　　　　　) the castle (　　　　　　)?

(2) All of us know his birthday.
His birthday is (　　　　　　) (　　　　　　) all of us.

(3) The island was discovered by him.
He (　　　　　　) the island.

(4) A new bag was sent to me by my father.
My father (　　　　　　) a new bag to me.

32

4 〈受け身の否定文・疑問文〉
次の英文を（　　）内の指示に従って書きかえなさい。

(1) The picture was painted by Picasso <u>in 1937</u>.（下線部を中心にたずねる文に）

_____

(2) Your brother was taught science by <u>Mr. Fukuda</u>.（下線部を中心にたずねる文に）

_____

(3) These trees were planted by him.（能動態の文に）

_____

5 〈注意すべき受け身の文〉 🔊重要
次の英文の（　　）内に適当な1語を入れなさい。

(1) Are you interested (　　　　　　) chess?

(2) Tom was pleased (　　　　　) the result.

(3) The top of Mt. Fuji was covered (　　　　　) snow.

(4) We were surprised (　　　　　) the news.

6 〈2通りの受け身の文〉
次の英文から2通りの受け身の文をつくりなさい。

(1) My uncle gave me this bike.

This bike _____.

I _____.

(2) She told him an interesting story.

An interesting story _____.

He _____.

💡ヒント

1 受け身の文は〈be 動詞＋過去分詞＋by ～〉の形で表す。
　(2) by のあとの代名詞は目的格にする。
2 (1) 能動態の文の動詞の時制に着目する。
　(3) 受け身の否定文は〈be 動詞＋not＋過去分詞〉。
　➡ cellular phone 携帯電話　guard[gáːrd ガード] 警備員　gate[géit ゲイト] 門
3 ➡ island[áilənd アイランド] 島　discover[diskʌ́vər ディスカヴァ] ～を発見する
4 (1) 時をたずねるので When を使った受け身の文にする。
　(2) 人物をたずねるので Who を使った受け身の文にする。
　➡ Picasso[pikáːsou ピカーソウ] ピカソ　plant[plǽnt プラント] (木) を植える
5 ➡ result[rizʌ́lt リザルト] 結果

1 🔊重要

次の英文の（　　）内に入る適当な語句を選び，記号で答えなさい。

(1) Grapes are made (　　　) wine.

ア　of 　　　　　イ　into 　　　　ウ　by 　　　　エ　from

(2) The baby (　　　) Momoko.

ア　named 　　　　　　　　　　イ　was naming

ウ　was named 　　　　　　　　エ　names

(3) Our class was (　　　) the news.

ア　surprised at 　　　　　　　イ　surprising to

ウ　surprising at 　　　　　　　エ　surprised to

(4) These letters (　　　) in English.

ア　write 　　　　イ　writes 　　　ウ　wrote 　　　エ　are written

2 次の日本文の意味を表すように，（　　）内に適当な1語を入れなさい。

(1) この写真は私の姉がカナダでとったものです。

This picture was (　　　　　　) (　　　　　　) my sister in Canada.

(2) これは何という花ですか。

(　　　　　　) is this flower (　　　　　　)?

(3) ニュージーランドでは何語が話されていますか。

(　　　　　　) language is (　　　　　　) in New Zealand?

3 次の日本文の意味を表すように，（　　）内の語句を並べかえなさい。

(1) 冬には雪が地面を覆います。

In (the ground / snow / is / winter / with / covered).

In _____.

(2) この会社の人たちは彼女をよく知っています。

She is well (the / to / in / known / people) this office.

She is well _____ this office.

(3) この店は水曜日が定休日です。

(opened / not / this / is / on / store / Wednesdays).

_____

(4) 私たちは去年，彼から音楽を教わりました。

(by / we / him / were / music / last / taught) year.

_____ year.

4 ⚠️ ミス注意

次の各組の英文がほぼ同じ意味になるように，（　　）内に適当な1語を入れなさい。

(1) Somebody stole her bike during the night.

Her bike (　　　　　) (　　　　　) during the night.

(2) You must keep your room clean.

Your room must (　　　　　) (　　　　　) clean.

(3) The news made him happy.

He (　　　　　) (　　　　　) happy by the news.

(4) Did he write this story?

(　　　　　) (　　　　　) (　　　　　) (　　　　　) by him?

(5) People don't know anything about the country.

(　　　　　) is (　　　　　) about the country.

(6) How did they build all the bridges?

How (　　　　　) all the bridges (　　　　　)?

(7) My uncle found me this apartment.

This apartment was (　　　　　) (　　　　　) me by my uncle.

5 差がつく

次の英文を（　　）内の指示に従って書きかえなさい。

(1) Why did they invite Peter to lunch? (受け身の文に)

_____

(2) The president's wife is called the first lady. (能動態の文に)

_____

(3) Mr. Adams teaches us math. (下線部を主語にした受け身の文に)

_____

不規則動詞の変化表

★ 次の不規則動詞の変化表（過去形・過去分詞）を完成しなさい。

1 ABA 型　原形と過去分詞が同じ形

原 形	（意味）	過去形	過去分詞
□ become	～になる		
□ come	くる		
□ run	走る		

2 ABB 型　過去形と過去分詞が同じ形

原 形	（意味）	過去形	過去分詞
□ bring	持ってくる		
□ buy	買う		
□ catch	つかまえる		
□ find	見つける		
□ get	手に入れる		
□ have, has	持っている		
□ hear	聞く		
□ keep	とっておく		
□ leave	出発する		
□ lend	貸す		
□ lose	なくす		
□ make	つくる		
□ meet	会う		
□ say	言う		
□ sell	売る		
□ send	送る		
□ sit	すわる		
□ sleep	眠る		
□ spend	費やす		
□ stand	立つ		
□ teach	教える		
□ tell	話す		
□ think	考える		
□ understand	理解する		

3 ABC型　原形・過去形・過去分詞とも異なる形

原 形	（意味）	過去形	過去分詞
☐ begin	はじめる		
☐ break	こわす		
☐ choose	選ぶ		
☐ do, does	する		
☐ drink	飲む		
☐ drive	運転する		
☐ eat	食べる		
☐ fall	落ちる		
☐ fly	飛ぶ		
☐ give	与える		
☐ go	行く		
☐ grow	成長する		
☐ know	知っている		
☐ lie	横になる		
☐ ride	乗る		
☐ see	見える		
☐ show	示す		
☐ sing	歌う		
☐ speak	話す		
☐ swim	泳ぐ		
☐ take	取る		
☐ throw	投げる		
☐ wear	着ている		
☐ write	書く		

4 AAA型　原形・過去形・過去分詞がすべて同じ形

☐ cut	切る		
☐ put	置く		
☐ read	読む		

6 疑問文

① ふつうの疑問文

☐ **be 動詞の疑問文〈Be 動詞＋主語～？〉**

Are you busy now ?（あなたは今忙しいですか）

☐ **一般動詞の疑問文〈Do[Does, Did]＋主語＋動詞の原形～？〉**

Does he **have** a dictionary?（彼は辞書を持っていますか）

☐ **助動詞の疑問文〈助動詞＋主語＋動詞の原形～？〉**

Can you **speak** French?（あなたはフランス語が話せますか）

② 付加疑問文

☐ **「～ですよね」と相手に念を押すときなどに文の最後につける。**

前の文が肯定文なら否定の付加疑問を，否定文なら肯定の付加疑問をつける。

Kenji likes soccer, **doesn't he?**（ケンジはサッカーが好きですよね）

You can't play the piano, **can you?**（あなたはピアノを弾けないですよね）

③ 疑問詞で始まる疑問文

☐ **疑問代名詞 who, whose, what, which** …主語・目的語・補語になる。

・疑問副詞 when, where, why, how …文中で副詞の働きをする。

☐ **〈疑問詞＋ふつうの疑問文〉**…疑問詞を文の初めに置く。

Who is he?（彼はだれですか）

Where does she live?（彼女はどこに住んでいますか）

> 疑問詞のある疑問文の
> 答えに Yes / No は使
> わない。

☐ **疑問詞が主語の場合**…肯定文と同じ語順になる。

Who broke the door? — David did.（だれがドアをこわしたのですか ―デイビッドです）

☐ **時刻や年齢のたずね方**…時刻には What time，年齢には How old を使う。

What time is it now? — It's three ten.（今何時ですか ―3時10分です）

How old are you?（あなたは何歳ですか）

> 時刻を表す文の主語に使われる
> it を「それは」と日本語にしない。

☐ **how を使ったいろいろな疑問文**

How tall ～?（身長）/ How long ～?（長さ）/ How high ～?（高さ）/

How often ～?（頻度）/ How about ～?（提案「～はどうですか」）/

How many ～?（数）/ How much ～?（量）

ポイント 一問一答

①ふつうの疑問文

次の英文の（　　）内の正しいものを○で囲みなさい。

☐ (1) (Are / Is) you angry? — No, I'm not.

☐ (2) (Does / Do) she live in Tokyo?
　　— No, she doesn't.

☐ (3) (Can / Will) you drive a car? — Yes, I can.

☐ (4) May I go home now? — No, you may (no / not).

②付加疑問文

次の英文の（　　）内の正しいものを○で囲みなさい。

☐ (1) You (are / aren't) from Japan, aren't you?

☐ (2) Your uncle likes paintings, (does / doesn't) he?

☐ (3) Ms. Green can't speak Japanese, (can / can't) she?

③疑問詞で始まる疑問文

次の英文の（　　）内の正しいものを○で囲みなさい。

☐ (1) (Who / When) made this cake? — Mary did.

☐ (2) (When / Where) is he? — He's in his room.

☐ (3) (Where / Who) is the winner? — I am.

☐ (4) (What time / How) is it now? — It's ten thirty.

☐ (5) (How / What) old is he? — He's ten years old.

☐ (6) (How / Why) did you come here? — By bus.

☐ (7) (Why / Where) were you absent yesterday? — Because I had a cold.

- -

答
① (1) Are (2) Does (3) Can (4) not
② (1) are (2) doesn't (3) can
③ (1) Who (2) Where (3) Who (4) What time
　(5) How (6) How (7) Why

▶答え　別冊p.14

基礎問題

1 〈いろいろな疑問詞〉
次の日本文の意味を表すように（　　）内に入る適当な語を選び，記号で答えなさい。

(1) あなたの誕生日はいつですか。

（　　）is your birthday?

ア　What　　　イ　When　　　ウ　Which　　　エ　Whose

(2) あなたはふだん何時に起きますか。

（　　）time do you usually get up?

ア　What　　　イ　When　　　ウ　Which　　　エ　Whose

(3) どちらがあなたのかさですか。

（　　）is your umbrella?

ア　What　　　イ　When　　　ウ　Which　　　エ　Whose

(4) この本はだれのものですか。

（　　）is this book?

ア　What　　　イ　When　　　ウ　Which　　　エ　Whose

2 〈いろいろな疑問文〉 重要
次の英語の対話文の（　　）内に入る適当な語を選び，記号で答えなさい。

(1) A：（　　）you at home yesterday evening?

B：Yes. But why?

ア　Are　　　イ　Do　　　ウ　Were　　　エ　Did

(2) A：（　　）Bob and Ken go to school together every day?

B：Yes. They are good friends.

ア　Is　　　イ　Are　　　ウ　Do　　　エ　Does

(3) A：Your brother plays soccer very well, （　　）he?

B：Yes. He plays basketball well, too.

ア　is　　　イ　does　　　ウ　isn't　　　エ　doesn't

(4) A：Mr. White cannot stay in Japan long, （　　）he?

B：Yes. He will teach us next year.

ア　will　　　イ　won't　　　ウ　can　　　エ　can't

3 〈疑問文の答え方〉 🔑重要
次の英語の対話文の（　　）内に入る適当な語句を選び，記号で答えなさい。

(1) A : How do you come to school on rainy days?

　 B : I come to school (　　　).

　 ア　at eight　　　イ　by bus　　　ウ　in my room　　　エ　yesterday

(2) A : Who teaches you English?

　 B : Mr. Brown (　　　). Do you know him?

　 ア　do　　　　　イ　did　　　　　ウ　does　　　　　エ　will

(3) A : Is your mother a teacher or a nurse?

　 B : (　　　)

　 ア　You are a teacher.　　　　　イ　She is a nurse.

　 ウ　Yes, she is a teacher.　　　　エ　Yes, you are a nurse.

(4) A : How old is your brother?

　 B : (　　　)

　 ア　Yes, he is fourteen.　　　　イ　No, he's not old.

　 ウ　He's young.　　　　　　　　エ　He's fourteen years old.

(5) A : What day of the month is it today?

　 B : (　　　)

　 ア　Yes, it is.　　　　　　　　イ　It's Friday.

　 ウ　It's the 4th.　　　　　　　エ　No, it isn't.

(6) A : How high is this mountain?

　 B : It is about (　　　).

　 ア　1,000 years old　　　　　イ　1,000 meters high

　 ウ　1,000 kilograms　　　　　エ　1,000 meters deep

ヒント

1 (2) 具体的な時刻をたずねるときは when は使わない。

2 (1)(2) 主語がだれなのか，動詞は be 動詞と一般動詞のどちらを使っているのかを判断する。

　(3)(4) 付加疑問文にする場合は，前の文が肯定文なのか否定文なのかを見極めることが大事。

3 (2) 前に出た動詞の代わりに do [does / did] を使う。

　(5) 日にちをたずねる表現。

▶ nurse[nə́ːrs ナ〜ス] 看護師　　meter[míːtər ミータァ] メートル

　kilogram[kíləgræm キログラム] キログラム　　deep[díːp ディープ] 深い

1 🔑重要

次の英文の（　　）内に入る適当な語句を選び，記号で答えなさい。

(1)（　　　）wrote this letter?

  ア　What　　　　　イ　When　　　　　ウ　Who　　　　　エ　Where

(2)（　　　）you and Tom eating lunch when your mother came home?

  ア　Did　　　　　　イ　Are　　　　　　ウ　Were　　　　　エ　Do

(3) A : Are you American students?

  B : No, (　　　) aren't.

  ア　I　　　　　　　イ　we　　　　　　ウ　you　　　　　エ　they

(4) A : What (　　　) by the table?

  B : A book.

  ア　is　　　　　　　イ　be　　　　　　ウ　do　　　　　　エ　does

(5) A :（　　　）did you spend your winter vacation?

  B : I visited my grandparents in Kyoto.

  ア　How　　　　　　イ　When　　　　　ウ　Who　　　　　エ　What

(6) A :（　　　）do you think of this bag?

  B : Well, it's too big for you.

  ア　What　　　　　イ　Why　　　　　ウ　How　　　　　エ　Which

(7) A : You can't tell the meaning of this word, can you?

  B :（　　　）

  ア　No, I can.　　　　　　　　　　イ　By the Internet.

  ウ　Yes, I can.　　　　　　　　　　エ　Don't mind.

(8) A : How (　　　) does he come to this restaurant?

  B : I think he comes twice or three times a week.

  ア　tall　　　　　　イ　often　　　　　ウ　many　　　　　エ　long

2 次の日本文の意味を表すように，（　　）内に適当な1語を入れなさい。

(1) 大阪の天気はどうですか。

  （　　　　　　　）（　　　　　　　）（　　　　　　　）like in Osaka?

(2) この本は夏目漱石が明治時代に書いたのですよね。

  Soseki　Natsume　wrote　this　book　in　the　Meiji　era, (　　　　　　　)

  （　　　　　　　）?

3 ⚠ ミス注意

次の日本文の意味を表すように，（　　）内の語句を並べかえなさい。

(1) 駅へ行く道を教えてくれませんか。

(could / tell / the way / the station / you / me / to)?

_____

(2) だれがあなたのお姉さんにそのかばんをあげたのですか。

(the bag / did / who / gave / your / to / sister)? (1語不要)

_____

(3) 2月は何日あると思いますか。

(think / days / you / how / has / many / February / do)?

_____

(4) どんなスポーツにあなたは興味がありますか。

(of / interested / what / sports / are / kind / in / you)?

_____

4 ✍ 差がつく

次の各文の返答として適切なものを下のア〜カから1つずつ選び，記号で答えなさい。

(1) A : Would you like some more?

　　B : (　　　　)

(2) A : May I speak to Midori, please?

　　B : (　　　　)

(3) A : Do you agree with me?

　　B : (　　　　)

(4) A : How many iPods did he buy?

　　B : (　　　　)

(5) A : Can you come to the soccer game tomorrow?

　　B : (　　　　)

(6) A : What do you think about my idea?

　　B : (　　　　)

ア　No. Sorry, I have many things to do.

イ　I like it very much.

ウ　I'm sorry, she's not here now.

エ　No, thank you.

オ　Yes, I do.

カ　Two, I think.

---

7 否定文

① いろいろな文の否定文

□ be 動詞の否定文 〈主語＋be 動詞＋not ～.〉

I **am not** well now. (私は今気分がよくありません)

They **were not** running in the park then.

(彼らはそのとき公園を走っていませんでした)

□ 一般動詞の否定文 〈主語＋do[does, did]＋not＋動詞の原形～.〉

We **do not** have any homework today. (私たちは今日宿題がありません)

Mr. Mori **did not** come to school yesterday. (森先生は昨日学校に来ませんでした)

□ 助動詞の否定文 〈主語＋助動詞＋not＋動詞の原形～.〉

Emi **cannot** cook well. (エミは上手に料理ができません)

Tom **will not** play the match tomorrow. (トムは明日その試合にでないでしょう)

□ 現在完了の否定文 〈主語＋have[has]＋not＋過去分詞～〉

経験用法では **not** の代わりに **never** を用いることが多い。

I have **not** eaten lunch yet. (私はまだ昼食をとっていません)

My father has **never** been to a foreign country.

(私の父は一度も外国へ行ったことがありません)

② 特別な否定語を用いた否定文

no や **nothing**「何も～でない」や **no one**「だれも～でない」が文中にあるとその文は否定文となる。

I have **no** friends in the U.S. (私はアメリカに友だちはいません)

No one visited me yesterday. (昨日はだれも私を訪ねてきませんでした)

③ 部分否定

all[every] や **always** が文中にある否定文は「すべて[いつも]～とは限らない」という意味を表す部分否定の文となる。

I don't like **all** the subjects. (私は全教科が好きというわけではありません)

My brother is not **always** at home on Sundays.

(私の兄はいつも日曜日に家にいるというわけではありません)

ポイント 一問一答

① いろいろな文の否定文

次の英文の（　　）内の正しいものを〇で囲みなさい。

☐ (1) We (is / are) not free today.

☐ (2) Your sister (is / was) not at school yesterday.

☐ (3) We (are not / do not) have math today.

☐ (4) Tom (does not / did not) call me yesterday.

☐ (5) My brother doesn't (get / gets) up early on Sundays.

☐ (6) It will not (is / be) rainy tomorrow.

☐ (7) Mike cannot (swimming / swim) fast.

☐ (8) I have not (clean / cleaned) my room yet.

☐ (9) Ken has never (wrote / written) letters in English.

② 特別な否定語を用いた否定文

次の英文の（　　）内の正しいものを〇で囲みなさい。

☐ (1) I have (not / no) money with me.

☐ (2) She was at home all day yesterday. She saw (someone / no one).

③ 部分否定

次の英文の（　　）内の正しいものを〇で囲みなさい。

☐ (1) I like fruits very much. But I don't like (every / all) the fruits.

☐ (2) I was in Osaka yesterday. I'm not (never / always) in Tokyo.

答

① (1) are　(2) was　(3) do not　(4) did not　(5) get　(6) be　(7) swim
(8) cleaned　(9) written
② (1) no　(2) no one
③ (1) all　(2) always

1 〈いろいろな文の否定文①〉

次の日本文の意味を表すように（　　）内に入る適当な語句を選び，記号で答えなさい。

(1) 私はそのころ幸せではありませんでした。

I (　　　) happy in those days.

ア　is not　　　　イ　was not　　　　ウ　am not　　　　エ　did not

(2) 彼らはペットを飼っていません。

They (　　　) have any pets.

ア　are not　　　　イ　do not　　　　ウ　does not　　　　エ　did not

(3) あなたは宿題をしませんでしたね。

You (　　　) your homework, right?

ア　weren't　　　　イ　didn't　　　　ウ　weren't do　　　　エ　didn't do

(4) 私の祖父はまだ車の運転をやめていません。

My grandfather (　　　) driving a car yet.

ア　don't stop　　　　　　　　イ　didn't stopped

ウ　didn't stop　　　　　　　　エ　hasn't stopped

2 〈いろいろな文の否定文②〉🔑重要

次の英文の（　　）内に入る適当な語句を選び，記号で答えなさい。

(1) A：Did you go to the concert last night?

B：No. I (　　　) a fan of that singer.

ア　am　　　　イ　was　　　　ウ　am not　　　　エ　was not

(2) A：Did you buy the new computer?

B：No. It was too expensive. I (　　　) buy it.

ア　did　　　　イ　could　　　　ウ　can　　　　エ　couldn't

(3) A：Where is my cap, Mom?

B：There it is, on the table! Be quick! We (　　　) catch the bus.

ア　don't　　　　イ　won't　　　　ウ　mustn't　　　　エ　couldn't

(4) A：Shall we play games, Shota?

B：I'm sorry, but I can't. I (　　　) finished math homework yet.

ア　don't　　　　イ　didn't　　　　ウ　can't　　　　エ　haven't

3 〈特別な否定語を用いた否定文〉
（　）内の語を並べかえて，対話文を完成させなさい。ただし，使わない語が1語あります。

(1) A：Your father looks very busy.

　　B：Yes. (free / has / time / doesn't / no / he) this week.

　　_____ this week.

(2) A：It's very dark in this room, isn't it?

　　B：Yes. (nothing / can / cannot / see / we).

　　_____

(3) A：Oh, no! (helps / one / doesn't / no / me).

　　_____

　　B：Do it by yourself, Akira.

4 〈部分否定〉 ⚠ ミス注意
次の日本文の意味を表す英文を選び，記号で答えなさい。

(1) 私は毎日犬を散歩させているわけではありません。　　　（　　　）

　　ア　I don't walk my dog every day.

　　イ　I never walk my dog every day.

　　ウ　I often walk my dog every day.

(2) 私の先生はいつも優しいわけではありません。　　　（　　　）

　　ア　My teacher is never kind.

　　イ　My teacher is usually kind.

　　ウ　My teacher is not always kind.

(3) 私は学校の先生をみんな知っているわけではありません。　　　（　　　）

　　ア　I know many of the teachers at our school.

　　イ　I don't know any of the teachers at our school.

　　ウ　I don't know all of the teachers at our school.

ヒント

1 (1) in those days「当時」
　(4) stop -ing「～するのをやめる」
2 (2) expensive「高価な」
　(3) Be quick!「急ぎなさい」，catch the bus「バスに間に合う」
3 (3) by yourself「ひとりで」
4 (1) walk「～を散歩させる」

1 🔊重要
次の対話が成り立つように適当な語を選び，記号を○で囲みなさい。

(1) A：I（ ア　wasn't　イ　don't　ウ　didn't　エ　haven't ）bring my dictionary today.

　　B：OK. Use mine, please.

(2) A：Why is that little girl crying?

　　B：Maybe she（ ア　isn't　イ　doesn't　ウ　can't　エ　won't ）find her mother.

(3) A：Must I clean the table, Mom?

　　B：No. You（ ア　aren't　イ　don't　ウ　mustn't　エ　can't ）have to do it.

(4) A：Can your grandmother use the Internet?

　　B：Well, she（ ア　doesn't　イ　can't　ウ　won't　エ　couldn't ）last year, but now she is enjoying it.

(5) A：Will you go shopping for me, Mika?

　　B：Sorry, Mom. I（ ア　am not done　イ　will not do　ウ　have not done　エ　mustn't do ）this report yet.

(6) A：What plan do you have for the winter vacation?

　　B：We are going to go to Okinawa or Sapporo. I（ ア　don't　イ　won't　ウ　can't　エ　haven't ）wait.

(7) A：Did your classmates welcome you, Bob?

　　B：No. I went into class 205, but I saw（ ア　them　イ　nothing　ウ　someone　エ　no one ）there.

2 次の日本文の意味を表すように，（　　）内に適当な1語を入れなさい。

(1) このクラスの多くの生徒が朝食を食べません。

　　Many students in this class（　　　　　）（　　　　　）breakfast.

(2) 私たちの乗る電車がまだ到着していません。

　　Our train（　　　　　）not（　　　　　）yet.

(3) 私の母は毎日パートで働いているわけではありません。

　　My mother（　　　　　）（　　　　　）as a part-timer every day.

(4) この10日間ずっと雨が降っていません。

　　We have（　　　　　）（　　　　　）rain these ten days.

3 ⚠ ミス注意
次の日本文の意味を表すように，(　　) 内の語句を並べかえなさい。

(1) 今日の英語のテストはそれほど難しくありませんでした。

(was / test / so / not / English / difficult / today's).

_____

(2) 私はいつもメガネをかけているとは限りません。

I (wear / always / not / glasses / do).

I _____ .

(3) 彼は今まで一度もそのようなうそをついたことがありません。

He (a lie / never / told / such / has).

He _____ .

(4) 私の父は私の学校生活について私に何も聞きませんでした。

My father (me / about / my / asked / nothing / school life).

My father _____ .

4 🏠 差がつく
次の各組の英文がほぼ同じ意味になるように，(　　) 内に適当な1語を入れなさい。

(1) Ms. Ellen doesn't have any Japanese friends.

Ms. Ellen (　　　　　　) (　　　　　　) Japanese friends.

(2) This is my first visit to Australia.

I've (　　　　　　) (　　　　　　) to Australia before.

5 次の日本文を (　　) 内の語句を用いて英語になおしなさい。

(1) 彼女はうれしそうに見えません。(happy)

_____

(2) トムは日本語をまだ読むことができません。(yet)

_____

(3) そのパーティーで知っている人はだれもいませんでした。(no one)

_____

1 次の英文の（　）内に入る適当な語を選び，記号で答えなさい。　　　　　〈1点×10〉

(1) Look! The children at the table (　　　) Ken's sisters.

　　（ ア　is 　　　　　イ　was 　　　　ウ　are 　　　　エ　were ）

(2) Our city (　　　) twelve junior high schools.

　　（ ア　is 　　　　　イ　are 　　　　ウ　have 　　　エ　has ）

(3) (　　　) your father going to work in New York?

　　（ ア　Do 　　　　　イ　Does 　　　ウ　Are 　　　　エ　Is ）

(4) What (　　　) you doing about this time yesterday?

　　（ ア　are 　　　　　イ　were 　　　ウ　do 　　　　エ　did ）

(5) Ms. White speaks a little Japanese, (　　　) she?

　　（ ア　doesn't 　　　イ　isn't 　　　ウ　does 　　　エ　is ）

(6) "How (　　　) do you come to this library?" "Twice a week."

　　（ ア　many 　　　　イ　long 　　　ウ　often 　　　エ　old ）

(7) It has (　　　) very cold all day today.

　　（ ア　is 　　　　　イ　was 　　　ウ　be 　　　　エ　been ）

(8) My mother is not home now. She has (　　　) shopping in the town.

　　（ ア　gone 　　　　イ　been 　　　ウ　going 　　　エ　went ）

(9) We are sometimes (　　　) to by the old man on our way to school.

　　（ ア　speaking 　イ　spoken 　　ウ　spoke 　　　エ　speaks ）

(10) When was that hotel on the hill (　　　)?

　　（ ア　build 　　　イ　building 　ウ　builds 　　　エ　built ）

(1)		(2)		(3)		(4)		(5)	
(6)		(7)		(8)		(9)		(10)	

2 次の日本文の意味を表すように，（　　）内に適当な1語を入れなさい。〈3点×6〉

(1) すぐ宿題をしなければなりませんか。

　　Do I (　　) (　　) do my homework right now?

(2) この美術館では写真撮影は禁止です。

　　We (　　) (　　) take pictures in this museum.

(3) ブラウン先生はどのくらい日本にいらっしゃいますか。

　　How (　　) (　　) Mr. Brown been in Japan?

(4) 彼は黙ったままで，私に何も言いませんでした。

　　He kept silent and (　　) (　　) to me.

(5) インドでは多くの種類の言語が話されています。

　　Many kinds of languages (　　) (　　) in India.

(6) このテーブルクロスは絹でできています。

　　This tablecloth is (　　) (　　) silk.

(1)		(2)	
(3)		(4)	
(5)		(6)	

3 次の英文を日本語になおしなさい。(2)は下線部だけでよい。〈6点×4〉

(1) Have you found out the bike key yet?

　　(　　　　　　　　　　　　　　　　　　　　　　　　　　　)

(2) Tom was playing a little time ago. <u>He cannot be sick.</u>

　　(　　　　　　　　　　　　　　　　　　　　　　　　　　　)

(3) The old zoo will be closed next month.

　　(　　　　　　　　　　　　　　　　　　　　　　　　　　　)

(4) Tom won't be able to go back to the U.K. this year.

　　(　　　　　　　　　　　　　　　　　　　　　　　　　　　)

(1)	
(2)	
(3)	
(4)	

4 次の各組の英文がほぼ同じ意味になるように，（　　）内に適当な1語を入れなさい。

〈2点×10〉

(1) I didn't meet any friends yesterday.

　I (　　) (　　) friends yesterday.

(2) How about a cup of coffee?

　(　　) (　　) have a cup of coffee?

(3) Bob gave me this CD for my birthday.

　I (　　) (　　) this CD by Bob for my birthday.

(4) My sister is a member of a girls' soccer team.

　My sister (　　) (　　) a girls' soccer team.

(5) I couldn't catch the first train that day.

　I wasn't (　　) (　　) catch the first train that day.

(6) Japanese traditional culture is very interesting to me.

　I am very (　　) (　　) Japanese traditional culture.

(7) It has been a long time since we saw Ron last.

　We (　　) not (　　) Ron for a long time.

(8) He lost his watch. He can't find it anywhere.

　He (　　) (　　) his watch.

(9) She began to make cookies one hour ago, and she is still making them.

　She has (　　) (　　) cookies for one hour.

(10) I know some of the boys, but two of them are strangers to me.

　I (　　) know (　　) the boys.

(1)		(2)	
(3)		(4)	
(5)		(6)	
(7)		(8)	
(9)		(10)	

5 次の会話文を読んで，2人の会話が成り立つように，[　　]内の語をこの順に用いて，下線部(1)～(4)のそれぞれに入る英文をつくりなさい。ただし，文頭にくる語は大文字で始めること。また，[　　]内の語にいくつかの語をたして，英文を完成させること。　　　　〈7点×4〉

Emi : Hello, this is Emi. Can I talk to Kate?

Kate : This is Kate.

Emi : Oh, Kate. (1)＿＿＿＿＿＿＿ [you, doing, night]?　I called you again and again after 9 o'clock.

Kate : Sorry, Emi. I was very tired yesterday, so I went to bed early. What's up?

Emi : Are you free today? Yesterday I found pretty T-shirts for 50% off in town. I want to buy some of them. (2)＿＿＿＿＿ [why, go, me]?

Kate : Wow, I want to go together! OK, I'll be ready in a minute.

(注) again and again　何度も　　for 50% off　50％割引の　　be ready　準備ができている

(1)	
(2)	

Keiko : Do you have any plans for next Saturday, Carlo?

Carlo : Nothing. Why do you ask?

Keiko : We're planning a party at my house in the evening. We'll be happy if you join us.

Carlo : I'd love to. (3)＿＿＿＿＿ [can, walk, your]?

Keiko : Yes, you can. But walking will take time, so you should take a bus.

Carlo : OK. Do I have to bring some food?

Keiko : No. (4)＿＿＿＿＿ [you, have, anything]. Just bring yourself.

(注) Just bring yourself.　来てくれるだけでいいです。

(3)	
(4)	

8 名詞・a, an, the・代名詞

① 名詞

☐ **数えられる名詞**…普通名詞，集合名詞。**a [an]** をつけることができ，複数形にできる。

☐ **数えられない名詞**…固有名詞，物質名詞，抽象名詞。ふつうは複数形にしない。

☐ **名詞の複数形**…名詞の終わりに **-s[-es]** をつけるのが基本。

  -s[-es] をつけるもの：pen → **pens** / box → **boxes** / baby → **babies** / knife → **knives**

  不規則に変化するもの：child → **children** / man → **men** / tooth → **teeth** / ox → **oxen**

  単数と複数が同じもの：sheep → **sheep** / fish → **fish**

☐ **名詞の所有格**…名詞の終わりに **-'s** をつける。「〜の」の意味。

  my mother**'s** hat（私の母のぼうし）

> 物質名詞は，容器や単位を使って数える。
> a sheet of paper（1枚の紙）
> two sheets of paper（2枚の紙）

② 冠詞

☐ **a[an]**…不特定なものにつく。an は母音で始まる語の前。**a** girl（少女） **an** egg（卵）

☐ **the**…一度出たものや特定のものにつく。

  I bought a bag. **The** bag is yellow.（私はかばんを買いました。そのかばんは黄色です）

③ 代名詞

☐ **mine**「私のもの」，**yours**「あなたのもの」，**-self[-selves]**「〜自身」

  This bike is **mine**.（この自転車は私のものです） Do it **yourself**.（自分でそれをしなさい）

☐ **one**…前に出た名詞の代わりとして使われる。

  I am looking for a bag. — How about this **one**?

  （かばんをさがしているのですが ―これはいかがですか）

> one は同種のものをさす。同一のものには it などを使う。

☐ **some, any**「何人かの人」「いくつかのもの」… **some** は肯定文，**any** は疑問文・否定文で使う。

  Do you know **any** of the girls?（その少女のうちのだれかを知っていますか）

☐ **another**「もう1つのもの」，**other**「ほかの[残りの]もの」

  I have a CD, but I want **another**.（私はCDを1枚持っていますが，もう1枚ほしいです）

  I like this cap better than the **others**.

  （ぼくはこのぼうしのほうがほかのものより好きです）

> one another（お互いに），each other（お互いに），one 〜 the other ...（[2つのうち] 一方は〜，他方は…）

☐ **both**「両方」，**each**「それぞれ」，**all**「すべて」

  Each has his book.（それぞれが本を持っています）

●名詞の複数形を問う問題が多く出題される。-s [-es] のつけ方と同様，不規則変化も確実に
覚えておく。また，物質名詞の数量の数え方も確認しておく。
●代名詞の意味と用法はきちんと整理しておく。〈one ～, the other〉などは必出。

ポイント 一問一答

①名詞

次の英文の（　　）内の正しいものを○で囲みなさい。

☐ (1) I want (a water / some water).

☐ (2) I like (a music / music).

☐ (3) We don't have a (knife / knives).

☐ (4) A day has 24 (hour / hours).

☐ (5) Is this (Ken's / Ken) dictionary?

☐ (6) I need three sheets of (paper / papers).

②冠詞

次の英文の（　　）内の正しいものを○で囲みなさい。

☐ (1) Mr. White is (a / an) interesting person.

☐ (2) She plays (the / a) violin.

☐ (3) I have a cat. I like (a / the) cat very much.

③代名詞

次の英文の（　　）内の正しいものを○で囲みなさい。

☐ (1) This magazine is (mine / my).

☐ (2) This cap is not good. That (it / one) is okay.

☐ (3) Do you have (any / another) questions?

☐ (4) I want (other / another) cup of coffee.

☐ (5) They like (both / each) other very much.

☐ (6) We know (one / all) another.

答
① (1) some water (2) music (3) knife (4) hours
　(5) Ken's (6) paper
② (1) an (2) the (3) the
③ (1) mine (2) one (3) any (4) another
　(5) each (6) one

1 〈名詞の複数形〉
次の名詞の複数形を書きなさい。

(1) box ＿＿＿＿＿＿＿　(2) life ＿＿＿＿＿＿＿

(3) baby ＿＿＿＿＿＿＿　(4) child ＿＿＿＿＿＿＿

(5) sheep ＿＿＿＿＿＿＿　(6) dish ＿＿＿＿＿＿＿

(7) woman ＿＿＿＿＿＿＿　(8) foot ＿＿＿＿＿＿＿

2 〈人称代名詞〉
(　　) 内に適当な1語を入れて，対話を完成させなさい。

(1) "Is this bike yours?" —"No, it isn't (　　　　　)."

(2) "Do Lucy and Tom like tennis?" —"No, (　　　　　) don't."

(3) "Is that your sister's bag?" —"Yes, it's (　　　　　) bag."

(4) "Do you know Tom Brown?" —"Yes. I live near (　　　　　) house."

3 〈物質名詞の量の表し方〉〈名詞と冠詞〉
次の英文の (　　) 内に入る適当な語を選び，記号で答えなさい。

(1) I want a (　　　) of water.

　　ア　glass　　　イ　piece　　　ウ　slice

(2) I give a (　　　) of meat to my dog every day.

　　ア　glass　　　イ　cup　　　ウ　slice

(3) Do you have a (　　　) of paper?

　　ア　sheet　　　イ　cup　　　ウ　glass

(4) My mother makes a (　　　) of tea every morning.

　　ア　piece　　　イ　sheet　　　ウ　cup

(5) Andy is (　　　) honest boy.

　　ア　a　　　イ　an　　　ウ　it

(6) The sun rises in (　　　) east.

　　ア　a　　　イ　an　　　ウ　the

4 〈代名詞の用法①〉 ●○重要
次の日本文の意味を表すように（　　）内に入る適当な語を選び，記号で答えなさい。

(1) これは私の辞書ではなく，彼のものです。

This is not my dictionary but (　　　).

ア　he　　　　　イ　his　　　　　ウ　him　　　　　エ　himself

(2) 私はTシャツを3枚持っています。1枚は赤で，残りは黄色です。

I have three T-shirts. One is red and the (　　　) are yellow.

ア　another　　　イ　other　　　　ウ　others　　　　エ　one

(3) 彼らはめいめい自分のコンピューターを持っています。

(　　　) of them has his own computer.

ア　Both　　　　イ　Each　　　　　ウ　One　　　　　エ　Some

(4) トムはかばんをほしがっています。彼はひとつも持っていないのです。

Tom wants a bag. He doesn't have (　　　).

ア　any　　　　　イ　some　　　　　ウ　other　　　　エ　each

5 〈代名詞の用法②〉
次の日本文の意味を表すように，（　　）内に適当な1語を入れなさい。

(1) 彼は自分自身のことが大好きです。

He likes (　　　　　　) very much.

(2) 今はまったくお金を持っていません。

I don't have (　　　　　　) money now.

(3) トムは他人に優しいです。

Tom is kind to (　　　　　　).

(4) 私たち全員が夢を持っています。

(　　　　　　) of us have dreams.

ヒント

③(2) meat「肉」を買ったり，食べたりするときの形状を考えてみよう。
　▶ slice[slάis スライス] 1切れ　honest[άnəst アネスト] 正直な
④(2)(3) 空所のあとの動詞に注目する。
　▶ own[óun オウン] 自分自身の
⑤(4) 空所のあとの動詞に注目する。
　▶ kind[káind カインド] 優しい

標 準 問 題

▶答え 別冊p.21

1 ◯重要

次の日本文の意味を表すように（　　）内に入る適当な語句を選び，記号で答えなさい。

(1) このセーターは気に入りません。別のものを見せてください。

I don't like this sweater. Show me (　　).

ア　other　　　　　イ　any　　　　　ウ　some　　　　　エ　another

(2) 彼らはお互いにとてもよく知っています。

They know (　　) other very well.

ア　each　　　　　イ　all　　　　　ウ　every　　　　　エ　both

(3) 私の両親はともに教師です。

(　　) of my parents are teachers.

ア　Either　　　　イ　Both　　　　ウ　Every　　　　エ　Some

(4) サッカーが好きだという人もいれば，好きではないという人もいます。

Some like soccer, and (　　) don't.

ア　another　　　　イ　the other　　　ウ　others　　　　エ　one

(5) ここからニューヨークまで電車で30分かかります。

It takes half (　　) from here to New York by train.

ア　hours　　　　　イ　a hour　　　　ウ　an hour　　　　エ　the hour

2 次の英文の（　　）内に入る適当な語句を選び，記号で答えなさい。

(1) This is my cat. Do you have (　　)?

ア　one　　　　　イ　it　　　　　ウ　another　　　　エ　the other

(2) "Whose wallet is this?" "It's (　　)."

ア　I　　　　　イ　my　　　　　ウ　me　　　　　エ　mine

(3) Please give me (　　) orange juice.

ア　one glasses of　　　　　　　イ　a glasses of

ウ　two glass of　　　　　　　　エ　two glasses of

(4) I have five dogs. One is white and (　　) are brown.

ア　another　　　　イ　any　　　　ウ　the other　　　エ　the others

(5) I know Andrea's brothers well, but my sister doesn't know (　　).

ア　him　　　　　イ　they　　　　ウ　their　　　　　エ　them

3 次の日本文の意味を表すように，（　　）内の語を並べかえなさい。

(1) 彼女はチョークをいくつか必要としています。

She (pieces / some / chalk / needs / of).

She _____ .

(2) これらの曲はどちらもとても人気があります。

(are / of / popular / both / songs / these / very).

_____

(3) 私は朝食に牛乳を1杯ほしいです。

(of / I / glass / a / want / milk) for breakfast.

_____ for breakfast.

(4) あなたは満月の写真を何枚か持っていますか。

Do you (full / pictures / any / moon / a / of / have)?

Do you _____ ?

(5) スープに塩を2さじ入れてください。

Please (the / two / put / of / spoonfuls / in / salt) soup.

Please _____ soup.

4 次の各組の英文がほぼ同じ意味になるように，（　　）内に適当な1語を入れなさい。

(1) Are these your books?

Are (　　　　　　) books (　　　　　　)?

(2) Mary has two brothers. Both of them play the guitar.

(　　　　　　) (　　　　　　) Mary's brothers play the guitar.

(3) The room has no furniture.

The room doesn't have (　　　　　　) furniture.

(4) I know Ken very well, and he knows me very well, too.

Ken and I know (　　　　　　) (　　　　　　) very well.

5 次の日本文を（　　）内の語句を用いて英語になおしなさい。

(1) 彼は私の友だちの1人です。(a, mine)

_____

(2) 私たちそれぞれが異なる意見を持っています。(us, different opinions)

_____

9 形容詞・副詞

重要ポイント

① 形容詞

- □ **形容詞の位置**…修飾する名詞の前に置く。-thing で終わる語を修飾する場合は
  -thing の後ろに置く。a **black** cat（黒いネコ）　something **black**（黒い何か）

- □ **many**「たくさんの，多数の」，**much**「たくさんの，多量の」
  many は複数形の数えられる名詞，much は数えられない名詞につける。
  There are **many** pictures on the wall.（壁^{かべ}にはたくさんの絵がかかっています）
  He doesn't have **much** money.（彼はたくさんのお金は持っていません）

- □ **a lot of，lots of**「たくさんの」
  数えられる名詞にも，数えられない名詞にも使われる。

few, little
　…「ほとんどない」
a few, a little
　…「少しの」

- □ **few, little** … a few，few は複数形の数えられる名詞，
  a little，little は数えられない名詞につける。
  Yuki has **a few** friends in Canada.（ユキはカナダに 2，3 人の友だちがいます）
  We have **little** snow in December.（12月はほとんど雪が降りません）

- □ 〈**no**＋名詞〉「1 つも～ない，少しも～ない」
  数えられる名詞にも，数えられない名詞にも使われる。
  not a，not any と同じ意味。
  I have **no** money.（私はお金を少しも持っていません）

no は数えられる名詞
につく場合，単数形・
複数形のいずれの名詞
にも使う。

- □ 〈形容詞＋名詞〉⇄〈主語＋be 動詞＋形容詞〉の書きかえ
  That is a **long** bridge.（あれは長い橋です）＝That bridge is **long**.（あの橋は長いです）

② 副詞

- □ **副詞の位置**…動詞を修飾する場合は動詞（＋目的語）のあと，形容詞やほかの副詞を
  修飾する場合はその直前に置くことが多い。

- □ **頻度^{ひんど}を表す副詞の位置**… **always，often** などの頻度を表す副詞は一般動詞の前，
  be 動詞・助動詞のあとに置く。

enough（十分に）は形
容詞・副詞のあとに置く。

  She **always** gets up early.（彼女はいつも早く起きます）
  Ken is **often** late for school.（ケンはしばしば学校に遅れます）

- □ 形容詞の文⇄副詞の文の書きかえ
  He is a **good** swimmer.（彼は泳ぎが上手な人です）
  ＝He swims **well**.（彼は上手に泳ぎます）

テストでは
ココが
ねらわれる

● many, much, few, little はよく出題されるので，名詞の種類と合わせて覚えておこう。
● sometimes, usually, often などの頻度を表す副詞の位置に注意しよう。
● 形容詞や副詞の意味をしっかり理解し，使い分けができるようにしよう。

ポイント 一問一答

① 形容詞

次の英文の（　　）内の正しいものを〇で囲みなさい。

☐ (1) My brother doesn't like that (T-shirt red / red T-shirt).

☐ (2) He wants (hot something / something hot).

☐ (3) We don't have (much / many) time.

☐ (4) (Much / Many) people visit our town in summer.

☐ (5) We have (little / few) snow here.

☐ (6) I have (a little / a few) friends in the U.S.

☐ (7) I have (few / no) idea.

☐ (8) She has a (lot / little) of money.

☐ (9) This is an interesting story.

　　　= This story is (an interesting / interesting).

② 副詞

次の英文の（　　）内の正しいものを〇で囲みなさい。

☐ (1) Time passes (fast / early).

☐ (2) Mary is very busy, but she (often / enough) visits us.

☐ (3) I don't understand the problem very (well / good).

☐ (4) He (always is / is always) sleepy.

☐ (5) My mother and I (walk usually / usually walk) to the store.

☐ (6) This curry isn't (enough hot / hot enough).

答　① (1) red T-shirt (2) something hot (3) much (4) Many
　　　(5) little (6) a few (7) no (8) lot (9) interesting
　　② (1) fast (2) often (3) well (4) is always
　　　(5) usually walk (6) hot enough

1 〈数量を表す形容詞の用法〉 🔑重要

次の日本文の意味を表すように（　　）内に入る適当な語句を選び，記号で答えなさい。

(1) 私には多くの友だちがいます。

I have (　　) friends.

ア　few　　　　　イ　a few　　　　ウ　much　　　　エ　many

(2) 2月には多くの雪が降ります。

We have (　　) snow in February.

ア　a lot of　　　イ　many　　　　ウ　little　　　　エ　a few

(3) 彼はほとんどお金を持っていません。

He has (　　) money.

ア　little　　　　イ　a little　　　ウ　few　　　　　エ　a few

(4) 2, 3人の学生がまだ教室にいます。

(　　) students are still in the classroom.

ア　A few　　　　イ　Many　　　　ウ　Lots of　　　エ　Much

(5) その国は6月に雨がまったく降りません。

That country has (　　) rain in June.

ア　not　　　　　イ　no　　　　　ウ　little　　　　エ　few

(6) のどがかわいていますが，水があまりありません。

I am thirsty, but I don't have (　　) water.

ア　much　　　　イ　a little　　　ウ　no　　　　　エ　any

2 〈副詞の位置〉

次の英文で，（　　）内の語を文中に入れるとすればどこが適当か。番号を○で囲みなさい。

(1) She ₁ is ₂ late ₃ for ₄ school ₅ .　　　　　　　　　　　　　　　(often)

(2) He ₁ sleeps ₂ every ₃ night ₄ .　　　　　　　　　　　　　　　(well)

(3) The ₁ girl speaks ₂ English ₃ .　　　　　　　　　　　　　　　(slowly)

(4) My mother ₁ gets ₂ up ₃ at ₄ six ₅ in ₆ the morning ₇ .　　　(usually)

(5) Mary ₁ sees ₂ Mr. White at ₃ the bus stop ₄ .　　　　　　　(sometimes)

3 〈形容詞・副詞の用法〉
次の英文の意味を表す日本文を選び，記号を○で囲みなさい。

(1) Do you need a lot of money now?

　ア　今，たくさんお金が必要ですか。

　イ　今，あまりお金が必要ないのですか。

　ウ　今，ほとんどお金がないのですか。

(2) He has little knowledge about Japan.

　ア　彼は日本に関していくつかのことを知っています。

　イ　彼は日本に関してほとんど知りません。

　ウ　彼には日本に関する十分な知識があります。

(3) I understand her feelings a little.

　ア　私は彼女の気持ちをほとんど理解できます。

　イ　私には彼女の気持ちがまったく理解できません。

　ウ　私には彼女の気持ちが少しわかります。

4 〈副詞の用法〉
次の日本文の意味を表す英文を選び，記号で答えなさい。

(1) 私はときどき1人で音楽を楽しみます。

　ア　I sometimes enjoy music alone.

　イ　I often enjoy music a little.

　ウ　I enjoy some music by myself.

(2) 父はふだん，とても注意深く運転します。

　ア　My father is always a careful driver.

　イ　My father usually drives a car very carefully.

　ウ　My father carefully drives a car.

 ヒント

1 (6) much「(量が) 多い」は疑問文か否定文で使うのがふつう。
　➡ thirsty[θə́ːrsti サ～スティ] のどがかわいた
2 be 動詞の文と一般動詞の文とでは副詞の位置が異なる点に注意。
3 (2) knowledge は数えられない名詞。
　(3) この a little は understand を修飾する副詞。
　➡ knowledge[nάlidʒ ナレヂ] 知識　feeling[fíːliŋ フィーリング] 感情
4 ➡ alone[əlóun アロウン] ひとりで　by oneself ひとりで
careful[kéərfəl ケアフル] 注意深い (carefully 注意深く)

1 次の英文の（　　）内に入る適当な語句を選び，記号で答えなさい。

(1) A : Would you like some more juice? Your glass is almost (　　　).

B : Yes, please.

ア　empty　　　　イ　open　　　　ウ　full　　　　エ　free

(2) I wanted to buy a new car, but I didn't have (　　) money.

ア　full　　　　イ　all　　　　ウ　enough　　　　エ　some

(3) Don't watch television (　　).

ア　so little　　　イ　too much　　　ウ　so large　　　エ　too many

(4) It's raining (　　).

ア　heavy　　　イ　heavily　　　ウ　usual　　　エ　usually

(5) Betty doesn't look (　　).

ア　happy　　　イ　happily　　　ウ　hard　　　エ　hardly

(6) They don't make (　　) mistakes.

ア　much　　　イ　little　　　ウ　few　　　エ　any

(7) Please be (　　).

ア　silence　　　イ　silently　　　ウ　quietly　　　エ　quiet

(8) She is not famous. (　　) people know about her.

ア　Few　　　イ　Many　　　ウ　Much　　　エ　Little

(9) I have (　　) questions, Mr. Suzuki.

ア　not any　　　イ　quite　　　ウ　little　　　エ　a few

(10) John (　　) plays soccer with his friends after school.

ア　usual　　　イ　usually　　　ウ　exact　　　エ　exactly

2 次の英文中の下線部と同じ意味になるものを選び，記号で答えなさい。

(1) You never get anything free.

ア　for nothing　　　　　　　イ　with pleasure

ウ　on business　　　　　　　エ　for fun

(2) Surprisingly, Nancy solved the problem with ease.

ア　easy　　　イ　easily　　　ウ　correct　　　エ　correctly

3 ⚠️ ミス注意

次の日本文の意味を表すように，（　）内の語句を並べかえなさい。

(1) このベッドは私が寝るには小さすぎます。

(not / is / this / enough / for / bed / large) me to sleep in.

_____ me to sleep in.

(2) 私の父の車は故障しています。

(wrong / there / my father's car / something / is / with).

_____

(3) 私の祖父はとても朝早く目を覚まします。

My grandfather (quickly / morning / wakes / the / very / up / in / early).

（1語不要）

My grandfather _____ .

(4) 週末の予定はありません。

(the / have / I / no / for / plan / weekend).

_____

4 次の各組の英文がほぼ同じ意味になるように，（　）内に適当な1語を入れなさい。

(1) It's a hot day today.

It's (　　　　　) today.

(2) I don't have any friends in Europe.

I have (　　　　　) friends in Europe.

(3) She sings very well.

She is a very (　　　　　) (　　　　　).

(4) Andy plays the guitar well.

Andy is (　　　　　) (　　　　　) playing the guitar.

5 🔊 重要

次の日本文を（　）内の語句を用いて英語になおしなさい。

(1) この本は私にとってとてもおもしろいです。(book, interesting, to)

_____

(2) その工場にはたくさんの作業員がいます。(factory, has, a, workers)

_____

(3) 私はほんの少しだけフランス語を話すことができます。(can, French, only)

_____

10 前置詞・接続詞

重要ポイント

① 前置詞

- □ **時を表す前置詞**… **at** seven（7時に），**on** Monday（月曜日に），**in** April（4月に），**at** noon（正午に），**on** June 6（6月6日に），**before** dinner（夕食前に），**after** lunch（昼食後に），**since** last year（去年からずっと），**by** three（3時までに），**till[until]** eight（8時までずっと），**for** an hour（1時間），**during** the summer（夏の間）

- □ **場所を表す前置詞**… **at** the station（駅で），**in** the park（公園の中で），**on** the desk（机の上に），**over** one's head（頭上に），**above** the horizon（地平線上に），**under** the tree（木の下に），**near** the house（家の近くに），**among** us（私たちの間に），**between** Ken and Roy（ケンとロイの間に），**by** the river（川のそばに）

- □ **その他の前置詞**… **by** bus（バスで），**in** English（英語で），**with** her（彼女といっしょに），**with** a knife（ナイフで），**without** his help（彼の助けなしで）

- □ **前置詞を使った熟語・慣用表現**… listen **to** 〜（〜を聞く），look **at** 〜（〜を見る），wait **for** 〜（〜を待つ），because **of** 〜（〜のために），look **after** 〜＝take care **of** 〜（〜の世話をする），get **to** 〜＝arrive **at** 〜（〜に着く）

② 接続詞

- □ **〈命令文，＋and[or] …〉「〜しなさい，そうすれば[そうしないと]…」**
  Run fast**, and** you'll catch the train.（速く走りなさい，そうすれば電車に間に合います）

- □ **時を表す接続詞**… **when**（〜するとき），**before**（〜する前に），**after**（〜したあとに），**since**（〜して以来），**till[until]**（〜するまでずっと），**as soon as** 〜（〜するとすぐに）

- □ **条件・理由・譲歩を表す接続詞**
  if（もし〜なら），**because**（なぜなら），**though**（〜だけれど）

- □ **接続詞 that「〜ということ」**
  I think **(that)** he is honest.（私は彼が正直だと思います）

- □ **so 〜 that …「とても〜なので…」**
  I was **so** tired **that** I **could not** swim.＝I was **too** tired **to** swim.
  （私はとても疲れていたので，泳げませんでした）

- □ **接続詞を使った熟語・慣用表現**
  both A **and** B（AとBも両方とも）　**not only** A **but also** B（AだけでなくBも）

> 時・条件を表す副詞節中では，未来のことでも現在形を使う。
> I won't go if it rains tomorrow.（もしも明日雨なら，私は行かないでしょう）

テストでは ココ が ねらわれる
● 前置詞は「時」と「場所」の用法に関するもの，前置詞を含む熟語がよく出題される。
● 接続詞は〈命令文, ＋and[or]〉の構文の書きかえ問題に慣れておこう。
● so ... that ＿ cannot ～＝too ... to ～ の書きかえもマスターしよう。

ポイント 一問一答

① 前置詞

次の英文の（　　）内の正しいものを○で囲みなさい。

☐ (1) My class starts (in / at) ten.

☐ (2) I talked with Kate (on / at) Monday.

☐ (3) We saw Lucy (on / at) the park.

☐ (4) The woman was standing (between / among) Peter and I.

☐ (5) My grandfather was looking (after / for) his glasses.

☐ (6) The students were listening (to / after) his music quietly.

☐ (7) The nurse took care (for / of) the sick people.

② 接続詞

次の英文の（　　）内の正しいものを○で囲みなさい。

☐ (1) Hurry up, (and / or) you will be late.

☐ (2) (Though / If) he is tall, he isn't good at playing basketball.

☐ (3) I was so busy (because / that) I couldn't go to the party.

☐ (4) We saw Nancy (when / that) we were at the library.

☐ (5) My mother thinks (that / though) I am busy.

☐ (6) It was (so hot / hot so) that I couldn't go out.

☐ (7) He plays not only baseball (but also / also but) tennis.

☐ (8) My sister goes to bed (as soon as / soon as) she gets home.

答 ① (1) at (2) on (3) at (4) between (5) for (6) to (7) of
② (1) or (2) Though (3) that (4) when (5) that
(6) so hot (7) but also (8) as soon as

基礎問題

▶答え　別冊 p.24

1 〈前置詞の用法①〉

次の英文の（　　）内から適当な語を選び，○で囲みなさい。

(1) Yuki and Meg played tennis (for / at / in) two hours.

(2) My brother was standing (in / at / for) the door.

(3) You must be kind (of / to / for) everyone.

(4) Ben will come back (on / at / in) a month.

2 〈時を表す前置詞〉

次の英文の（　　）内に適当な1語を入れなさい。

(1) Our family always has breakfast (　　　　　　　) seven thirty.

(2) We don't go to school (　　　　　　　) Sundays.

(3) We are going to see Jack (　　　　　　　) June 14th.

(4) Ken will call you (　　　　　　　) night.

3 〈いろいろな前置詞〉 **重要**

次の日本文の意味を表すように，（　　）内に適当な前置詞を入れなさい。

(1) 夏に泳ぐことは健康によいです。

It is good (　　　　　　　) the health to swim (　　　　　　　) summer.

(2) 私のいちばん上の姉は朝から晩まで働きます。

My oldest sister works (　　　　　　　) morning (　　　　　　　) night.

(3) 空気がなければ私たちは生きられません。

We cannot live (　　　　　　　) air.

(4) 私たちはトムに英語でEメールを送らなければなりません。

We must send e-mail to Tom (　　　　　　　) English.

(5) 次の日曜日に私といっしょにピクニックに行きませんか。

Will you go (　　　　　　　) a picnic (　　　　　　　) me next Sunday?

(6) 私は長い間ビルを待ちました。

I waited (　　　　　　　) Bill for a long time.

(7) あなたにまた会うのを楽しみにしています。

I'm looking forward (　　　　　　　) seeing you again.

4 〈and, but, or の使い分け〉
次の英文の（　　）内から適当な語を選び，○で囲みなさい。

(1) I waited at the station for an hour, (and / but / or) he didn't come.

(2) Come here, (and / but / or) you can see the tower better.

(3) Study hard, (and / but / or) you will fail the exam.

5 〈接続詞の意味〉🔑重要
次の日本文の意味を表すように，（　　）内に適当な1語を入れなさい。

(1) 私が台所に入ったとき，マユはケーキをつくっていました。

Mayu was making a cake (　　　　　　　) I went into the kitchen.

(2) 私たちは昼食後，映画を見て楽しみました。

We enjoyed watching a movie (　　　　　　　) we had lunch.

(3) 明日雨なら，彼女は買い物に行かないでしょう。

She won't go shopping (　　　　　) (　　　　　) (　　　　　) tomorrow.

(4) 彼はお金持ちですが，幸せそうには見えません。

(　　　　　　　) he is rich, he doesn't look happy.

6 〈前置詞の用法②〉
次の日本文の意味を表すように，（　　）内の語句を並べかえなさい。

(1) 明日までにこのレポートを終えたいです。

I (want / this report / tomorrow / by / finish / to).

I _____.

(2) ロンは顔に笑みを浮かべて，私たちに近づいてきました。

Ron (with / came up / us / to / a smile / on / face / his).

Ron _____.

💡ヒント

2 ➡ call[kɔ́ːl コール] ～に電話をかける

3 ➡ health[hélθ ヘルス] 健康　e-mail[íːmeil イーメイル] E メール
　　➡ go on a picnic ピクニックに行く

4 (2)(3) 命令文であることに着目。
　　➡ fail an exam 試験に落ちる　exam＝examination

5 (3) 時や条件を表す副詞節の中では，未来のことでも現在形で表す。
　　➡ go shopping 買い物に行く

6 (1) 「(期日)までに」という意味を表す前置詞は by。
　　➡ come up to ～ ～に近づく

1 **重要**
次の英文の（　）内に入る適当な語を選び，記号で答えなさい。

(1) My bottle is full (　) tea.

　ア　at　　　　　イ　of　　　　　ウ　on　　　　　エ　to

(2) This dictionary is different (　) yours.

　ア　with　　　　イ　of　　　　　ウ　from　　　　エ　in

(3) Don't be late (　) school.

　ア　by　　　　　イ　at　　　　　ウ　of　　　　　エ　for

(4) The garden was covered (　) snow.

　ア　with　　　　イ　of　　　　　ウ　for　　　　　エ　to

(5) Can you speak either English (　) Japanese?

　ア　and　　　　イ　or　　　　　ウ　than　　　　エ　but

(6) My father has been in New Zealand (　) business for five years.

　ア　on　　　　　イ　for　　　　　ウ　to　　　　　エ　by

(7) I can't put up (　) the noise any more.

　ア　in　　　　　イ　with　　　　ウ　out　　　　　エ　down

(8) She looked up the word (　) her dictionary.

　ア　in　　　　　イ　at　　　　　ウ　to　　　　　エ　by

(9) He bought his lunch (　) his way to school.

　ア　on　　　　　イ　in　　　　　ウ　at　　　　　エ　during

(10) She studies (　) nine o'clock every day.

　ア　for　　　　　イ　by　　　　　ウ　till　　　　　エ　of

2 次の英文の（　）内に入る適当な語を下の囲みの中からそれぞれ選び，記号で答えなさい。
ただし同じ記号を2回選ぶことはできません。

(1) Anne was late for school (　) she missed the bus.

(2) You must wash your hands (　) you eat.

(3) David often calls Kate (　) she's having dinner.

(4) Yesterday, the boys played soccer (　) it started raining.

(5) Turn right at the corner, (　) you'll come to the post office.

ア　after	イ　before	ウ　and	エ　or
オ　if	カ　because	キ　until	ク　while

3 🏠 差がつく
次の日本文の意味を表すように，（　）内の語句を並べかえなさい。

(1) 彼は一生懸命勉強するつもりだと言っています。

He (to / is / that / going / says / he / study / hard).

He _____ .

(2) そのケーキは大きすぎて全部食べられませんでした。

The cake (big / it / was / so / all / couldn't / I / of / eat). (1語不足)

The cake _____ .

(3) トムだけでなくケンも昨日から休んでいます。

(Ken / been / since / not only / has / Tom / yesterday / but also / absent).

_____

(4) ケビンは英語とスペイン語の両方を話せます。

Kevin (both / English / speak / can / Spanish / and).

Kevin _____ .

4 ⚠️ ミス注意
次の各組の英文がほぼ同じ意味になるように，（　）内に適当な1語を入れなさい。

(1) Tom drives carefully, so he has never had an accident.

Tom has never had an accident (　　　　　　　) of his careful driving.

(2) My sister got home very late, so she couldn't watch that movie on TV.

My sister got home (　　　　　) late (　　　　　) she couldn't watch that movie on TV.

(3) While we were staying in Alaska, I saw some interesting animals.

(　　　　　　　) our stay in Alaska, I saw some interesting animals.

(4) He doesn't have many friends, but he is happy.

(　　　　　　) he doesn't have many friends, he is happy.

(5) I began to practice the violin when I was six years old.

I began to practice the violin (　　　　　) the (　　　　　) of six.

(6) Hurry up, or you'll miss the flight.

(　　　　) (　　　　　　) don't hurry up, you will miss the flight.

(7) Bob showed Mr. Simpson his pictures.

Bob showed his pictures (　　　　　) Mr. Simpson.

(8) I can't finish today's homework without Kate's help.

I can't finish today's homework (　　　　　) (　　　　　　) doesn't help me.

◎制限時間**40**分
◎合格点**80**点
▶答え　別冊p.26

点

1 次の英文の（　　）内に入る適当な語句を選び，記号で答えなさい。 〈1点×10〉

(1) Jim didn't ask me (　　) questions.

　　ア　few 　　　　イ　any 　　　　ウ　much 　　　　エ　some

(2) There (　　) little sugar in the bottle now.

　　ア　is 　　　　イ　are 　　　　ウ　was 　　　　エ　were

(3) My bag is old. I want a new (　　).

　　ア　that 　　　　イ　it 　　　　ウ　one 　　　　エ　mine

(4) The book was very difficult, but (　　) students could understand it.

　　ア　few 　　　　イ　a few 　　　　ウ　little 　　　　エ　a little

(5) A : Where did you go (　　) the winter vacation?

　　B : I visited my friend in Hokkaido. It was very cold.

　　ア　when 　　　　イ　during 　　　　ウ　at 　　　　エ　among

(6) We are going to have a party (　　) the evening of September 11th.

　　ア　in 　　　　イ　on 　　　　ウ　at 　　　　エ　for

(7) My father was late for work (　　) a car accident.

　　ア　because 　　イ　because of 　ウ　as 　　　　エ　as soon as

(8) I was tired, (　　) I went to bed early.

　　ア　since 　　　　イ　because 　　ウ　so 　　　　エ　for

(9) I did not know the news (　　) I turned on the radio this morning.

　　ア　either 　　　　イ　until 　　　　ウ　by 　　　　エ　while

(10) I was so sleepy (　　) I couldn't do my homework.

　　ア　that 　　　　イ　but 　　　　ウ　as 　　　　エ　though

(1)	(2)	(3)	(4)	(5)
(6)	(7)	(8)	(9)	(10)

72

2 次の日本文の意味を表すように，（　　）内に適当な1語を入れなさい。 〈3点×4〉

(1) マイクは日本語が少し読めます。

Mike can read (　　　) (　　　) Japanese.

(2) お互いに助け合いましょう。

Let's help (　　　) (　　　).

(3) どのくらいの塩が必要ですか。

(　　　) (　　　) sugar do you need?

(4) 先週はほとんど雨の日がありませんでした。

We (　　　) (　　　) rainy days last week.

(1)		(2)	
(3)		(4)	

3 次の英文を日本語に直しなさい。 〈3点×4〉

(1) Come home before it gets dark.

(　　　　　　　　　　　　　　　　　　　　　　　　　　　)

(2) I don't like any sports.

(　　　　　　　　　　　　　　　　　　　　　　　　　　　)

(3) Please enjoy yourself here in Japan.

(　　　　　　　　　　　　　　　　　　　　　　　　　　　)

(4) I was so sleepy that I couldn't sit up late last night.

(　　　　　　　　　　　　　　　　　　　　　　　　　　　)

(1)	
(2)	
(3)	
(4)	

4 次の各組の英文がほぼ同じ意味になるように，（　　　）内に適当な1語を入れなさい。 〈3点×5〉

(1) She can swim very well.

　　She is a very (　　　) (　　　).

(2) He has two sons and one daughter.

　　He has (　　　) (　　　).

(3) My father came home and soon took a bath.

　　As (　　　) (　　　) he came home, my father took a bath.

(4) Mika had a very happy time during her stay in Canada.

　　Mika had a very happy time (　　　) she (　　　) staying in Canada.

(5) Tom and Yuki were not at school yesterday.

　　(　　　) Tom (　　　) Yuki were absent from school yesterday.

(1)		(2)	
(3)		(4)	
(5)			

5 （　　　）内の語句を並べかえ，意味の通る英文にしなさい。 〈3点×5〉

(1) A : Where can we meet?

　　B : How about (in / the bus stop / of / at / front) the station?

(2) A : Where is Kawasaki City?

　　B : Oh, (and / Tokyo / it's / between / Yokohama).

(3) A : I hear you have a lot of temples in your city.

　　B : Yes. (city / famous / temples / its / our / for / old / is).

(4) (stops / stand / until / the plane / don't / up) perfectly.

(5) (fever / had / though / Runa / a little), she practiced dancing.

(1)	
(2)	
(3)	
(4)	
(5)	

6 A欄の関係にならって，B欄の（　　）内に適当な1語を入れなさい。　　　　　　　　　　〈3点×4〉

	A		B
(1)	quick — slow	near — (	)
(2)	gentleman — lady	man — (	)
(3)	on — under	above — (	)
(4)	I — myself	he — (	)

(1)		(2)		(3)		(4)	

7 次の各文の (A) (B) に入る語の組み合わせとして最もふさわしいものを選び，記号で答えなさい。　　　　　　　　　　〈3点×4〉

(1) We are going to take a trip (　A　) Nagasaki (　B　) the winter vacation.

　ア　for と before　　　　　イ　to と when　　　　　ウ　for と in

　エ　to と during　　　　　オ　to と while

(2) Please (　A　) yourself (　B　) the drinks on the table.

　ア　eat と with　　　　　イ　help と to　　　　　ウ　hold と to

　エ　keep と to　　　　　オ　help と with

(3) The store was (　A　) closed (　B　) I went there with Tony.

　ア　so と that　　　　　イ　too と to　　　　　ウ　already と if

　エ　yet と before　　　　オ　already と when

(4) They (　A　) a lot of money to build a bridge (　B　) the river.

　ア　cost と on　　　　　イ　used と on　　　　　ウ　spent と over

　エ　needed と for　　　　オ　made と over

(1)		(2)		(3)		(4)	

8 次の日本語を英文になおしなさい。　　　　　　　　　　〈4点×3〉

(1) もしひまなら私を手伝ってくれませんか。

(2) 有名な芸術家が私の家の近くに住んでいました。

(3) ケンは彼のクラスでだれがいちばん速く泳げるか知っています。

(1)	
(2)	
(3)	

11 不定詞の基本的な使い方

重要ポイント

① 不定詞の用法

□ **不定詞の形〈to＋動詞の原形〉**…主語が3人称単数でも過去の文でも，**to** のあとの動詞は原形にする。

> He **wants to swim**. （彼は泳ぎたいです）
> He **wanted to swim**. （彼は泳ぎたかったです）

> like to ~（~するのが好きだ），begin to ~（~し始める），start to ~（~し始める），try to ~（~しようとする）

□ **名詞的用法**…名詞と同じ働きをし，目的語・主語・補語になり，「~すること」という意味を表す。

> （目的語）She likes **to listen** to music. （彼女は音楽を聞くことが好きです）
> （主語）**To read** books is interesting. （本を読むことはおもしろいです）
> この不定詞は **It is interesting to read** books. と書きかえられる。
> （補語）His job is **to teach** English. （彼の仕事は英語を教えることです）

□ **副詞的用法**…「~するために」〔目的〕，「~して」〔原因〕の意味を表し，動詞・形容詞を修飾する。

> （目的）He went there **to see** Mary.
> （彼はメアリーに会うためにそこへ行きました）

> Why ~?（なぜ~か）の問いに対してTo ~.（~するため）と目的を答えることがある。

> （原因）I was very **happy to see** him. （私は彼に会えてとても幸せでした）

□ **形容詞的用法**…〈名詞＋不定詞〉の形で前の名詞を修飾し，「~するための」「~すべき」の意味を表す。

> He was **the first man to come**. （彼が最初にやってきた男性でした）
> I have **some letters to write**. （書くべき手紙がいくつかあります）

・〈名詞＋不定詞＋前置詞〉…不定詞のあとに前置詞を必要とする場合がある。

> I cannot find **a hotel to stay at**. （私は滞在するホテルが見つかりません）

・〈-thing＋（形容詞＋）不定詞〉

不定詞が -thing の形の代名詞を修飾する場合も不定詞は代名詞のあとにつける。さらに形容詞がつく場合は，〈-thing＋形容詞＋不定詞〉の語順。

> Do you have **anything to drink**? （何か飲み物はありますか）
> I want **something hot to eat**. （私は何か温かい食べ物がほしいです）

● want to ～, like to ～, something to ～ の形がよく出題される。

● 3つの用法の意味は，名詞的用法「～すること」，副詞的用法「～するために」「～して」，形容詞的用法「～すべき」と覚えよう。

ポイント 一問一答

① 不定詞の用法

次の英文の（　　）内の正しいものを○で囲みなさい。

☐ (1) I want (buy / to buy) an umbrella.

☐ (2) My dream is to (travel / a travel) around the world.

☐ (3) I'm pleased (to seeing / to see) you again.

☐ (4) She went to London to (study / studied) English.

☐ (5) I have a lot of homework (to do / doing) tonight.

☐ (6) Do you have anything (tell / to tell) me?

☐ (7) Let's get something (cold to drink / to drink cold).

☐ (8) We have some problems to (talk / talk about).

☐ (9) My brother began to (learn / learns) French last month.

☐ (10) He tried (swims / to swim) across the river.

☐ (11) She was (interesting / sad) to hear about the accident.

☐ (12) I'll give you some books (to read / to reading).

☐ (13) The question is difficult (to answer / answers).

☐ (14) We gathered (discuss to / to discuss) the trip plan.

☐ (15) I'm hungry.　I want something (sweet to eat / to eat sweet).

☐ (16) Why do you study English?

　　　— (To / Because) work in Australia in the future.

☐ (17) To talk with my friends is important for me.

　　　= It is important for me (to talk / talk) with my friends.

① (1) to buy　(2) travel　(3) to see　(4) study
(5) to do　(6) to tell　(7) cold to drink　(8) talk about
(9) learn　(10) to swim　(11) sad　(12) to read
(13) to answer　(14) to discuss　(15) sweet to eat
(16) To　(17) to talk

答

▶答え　別冊p.28

1 〈不定詞の形〉

次の英文の（　　）内から適当な語句を選び，○で囲みなさい。

(1) Jim wanted (watch / watching / to watch) the TV program.

(2) We're very happy (hear / to hear / heard) the news.

(3) (Get / Got / To get) up early in the morning is difficult for Tom.

2 〈不定詞を含む文の形〉 🔑重要

次の日本文の意味を表すように，（　　）内の語句を並べかえなさい。

(1) 彼はバイオリンを弾き始めました。

He began (the / play / violin / to).

He began _____.

(2) その問題を解く方法を教えてください。

(me / to / a / solve / tell / way) the problem.

_____ the problem.

(3) 彼女は英語教師になるために一生懸命勉強しました。

She (an / hard / to / studied / become) English teacher.

She _____ English teacher.

3 〈不定詞の3用法の区別〉

次の(1)〜(3)の英文で使われている不定詞と同じ用法のものを，下のア〜ウから選び，記号で答えなさい。

(1) Nancy began to use a computer last year.

(2) Jim is very happy to receive a message from Mary.

(3) She has many friends to help.

　　ア　His job is to support the poor.

　　イ　He is the last person to tell a lie.

　　ウ　We went downtown to see a movie.

(1) _____　　(2) _____　　(3) _____

4 〈不定詞の用法①〉 🔑重要

次の日本文の意味を表すように，（　　）内に適当な1語を入れなさい。

(1) 私の夢はいつか大リーグでプレーすることです。

My dream is (　　　　　　) (　　　　　　　　　) in the Major Leagues some day.

(2) 彼女は道をたずねるために立ち止まりました。

She stopped (　　　　　　) (　　　　　　) the way.

5 〈不定詞が使われている文の意味〉

次の英文を日本語になおしなさい。

(1) I went to see my aunt last Sunday.

私はこの前の日曜日に（　　　　　　　　　　　　　　　　　　　　　）。

(2) I have no time to read the newspaper in the morning.

私には朝，新聞を読む（　　　　　　　　　　　　　　　　　　　　　）。

6 〈不定詞の用法②〉

次の日本文の意味を表すように，（　　　　）内の語を適当な形（1語とは限らない）になおして書きなさい。

(1) 彼の妹は彼を見てとても驚きました。

His sister was very surprised (see) him.　　　　　＿＿＿＿＿＿

(2) 彼は今日すべきことがたくさんあります。

He has many things (do) today.　　　　　＿＿＿＿＿＿

(3) 何も言うことはありません。

I have nothing (say).　　　　　＿＿＿＿＿＿

ヒント

1 ➡ program [próugræm プロウグラム] プログラム，番組

2 (2) 「その問題を解く」を不定詞で表し，「方法」を修飾する形にする。

➡ problem [prábləm プラブレム] 問題　way [wéi ウェイ] 方法，道

3 ➡ receive [risíːv リスィーヴ] ～を受け取る　message [mésidʒ メセヂ] 伝言，メッセージ

downtown [dáuntáun ダウンタウン] 繁華街へ

4 ➡ Major League (アメリカのプロ野球の) 大リーグ

5 (2) time to ～ ～する時間

1 ⚠️ミス注意

次の英文の（　　）内に入る適当な語句を選び，記号で答えなさい。

(1) When we went into the hotel room, we were surprised (　　) a basket full of fruits.

　　ア find　　　　イ found　　　　ウ finding　　　　エ to find

(2) "I have a bad toothache." "You should go to (　　) the dentist today."

　　ア look　　　　イ show　　　　ウ watch　　　　エ see

(3) When did human beings (　　) fire?

　　ア began to use　　　　　　　イ begin to use

　　ウ began using　　　　　　　エ begin to using

(4) She (　　) to study math at college.

　　ア stopped　　　イ finished　　　ウ enjoyed　　　エ decided

(5) This plant needs a lot of (　　).

　　ア water to grow　　　　　　イ water to have

　　ウ food to grow　　　　　　　エ food to have

(6) All the students (　　) a welcome party for the exchange student.

　　ア agrees to have　　　　　　イ had to agree

　　ウ agreed to have　　　　　　エ has to agree

2 🏠がつく

次の各組の英文がほぼ同じ意味になるように，（　　）内に適当な1語を入れなさい。

(1) He went to the shop because he wanted to buy some CDs.

　　He went to the shop to (　　　　　　) some CDs.

(2) Bill plays basketball. He likes it.

　　Bill likes (　　　　　　) (　　　　　　) basketball.

(3) I will be free tomorrow.

　　I will have (　　　　　　) (　　　　　　) (　　　　　　) tomorrow.

(4) When we heard about the disaster in that country, we were very sad.

　　We were very (　　　　　　) (　　　　　　) (　　　　　　) about the disaster in that country.

3 次の日本文の意味を表すように，（　　）内に適当な1語を入れなさい。

(1) 彼は「あなたに会えてうれしいです」といいました。

He said, "I'm glad (　　　　　　　) (　　　　　　　　) you."

(2) その種の問題を解決する方法はいくつかあります。

There are several (　　　　　　　) (　　　　　　) (　　　　　　　) that kind of problem.

4 次の日本文の意味を表すように，（　　）内の語句を並べかえなさい。

(1) 彼女にはクラシック音楽を聞く時間がありません。

She (classical music / time / listen to / no / has / to).

She _____.

(2) 私に何か冷たい飲み物をいただけませんか。

(you / to / will / give / drink / cold / me / something)?

_____

(3) この作業をするのに，たくさんの気力が必要です。

(a lot / to / energy / this / we / of / work / need / do).

_____

(4) 私は母を手伝うために早く起きました。

I (help / got / my mother / up / to / early).

I _____.

(5) 休暇中に読む何かおもしろいものを見つけましたか。

(read / did / interesting / find / you / to / something) during the vacation?

_____ during the vacation?

5 次の日本文を，（　　）内の語句を使って英語になおしなさい。

(1) 彼は私の宿題を手伝うために私の家に来ました。(with my homework)

_____

(2) あなたは将来，どこに住みたいですか。(in the future)

_____

12 不定詞を含む特別な形

重要ポイント

① 形式主語の文 (It ... to 〜)

□ **It ... (for __) to 〜**「(−が) 〜するのは…だ」…名詞的用法の不定詞を主語と
して使う場合，ふつう形式主語 It を文頭に置き，不定詞 (＝真主語) はあとに置く。

To read this book is easy **for** him.

(彼がこの本を読むのは簡単です)

→ **It** is easy **for** him **to read** this book.

└ 形式主語 　└ 不定詞の意味上の主語 　　　　 └ 真主語

> 形容詞が人の性質・態度を表す場合，
> of __ を使う。
> **It** is **kind** of you **to help** me.
> (手伝ってくれてありがとう)

② いろいろな不定詞

□ **ask [tell, want]＋目的語＋to 〜**…依頼・命令などを表す動詞のあとに目的語と
不定詞を使う表現。〈**ask**＋目的語＋**to** 〜〉「…に〜するように頼む」，〈**tell**＋目的
語＋**to** 〜〉「…に〜するようにいう」，〈**want**＋目的語＋**to** 〜〉「…に〜してほしい」。

I asked her **to help** me.

(彼女に私を手伝ってくれるように頼みました)

I told him **not to go** there.

(私は彼にそこに行かないようにいいました)

> 不定詞の否定形は not to 〜 の形にする。
> to not にしないこと。
> 〈ask [tell] 〜 to ...〉は〈say to 〜，" 命令
> 文 "〉に書きかえられる。

I want you **to study** hard. (きみに一生懸命勉強してもらいたいです)

□ **〈疑問詞＋to 〜〉**…〈疑問詞＋主語＋**should** 〜〉で書きかえられる。

what to 〜「何を〜したらよいか」　who to 〜「だれに [を] 〜したらよいか」

when to 〜「いつ〜したらよいか」　where to 〜「どこに [で] 〜したらよいか」

which to 〜「どちらを〜したらよいか」　how to 〜「どのように〜したらよいか」

□ **too ... to 〜**「とても…なので〜できない」

so ... that __ cannot 〜 で書きかえられる。

This desk is **too** heavy for me **to carry**. (この机はとても重くて私には運べません)

□ **〈形容詞 〔副詞〕＋enough to 〜〉**「〜できるほど十分に…」
〈enough＋名詞＋to 〜〉「〜するのに十分な…」

I have **enough** money **to buy** the car. (私にはその車を買うだけのお金があります)

□ **原形不定詞**…to のつかない不定詞

〈**help** 〜＋原形不定詞 (…)〉「〜が…するのを助ける」，〈**let** 〜＋原形不定詞 (…)〉
「〜に…させる」(許可)，〈**make** 〜＋原形不定詞 (…)〉「〜に…させる」(強制)

■ too ~ to ..., how to ~, I want you to ~. などがよく出題される。これらの表現を使
って英文が書けるようマスターしておこう。

■ too ~ to ... と so ~ that __ cannot ... の書きかえもよく出題される。

ポイント 一問一答

① 形式主語の文 (It ... to ~)

次の英文の (　　) 内の正しいものを○で囲みなさい。

☐ (1) It is easy for him (to drive / drives) a car.

☐ (2) It is difficult (to write / write) a letter in English.

☐ (3) It was careless (of / for) him to lose his room key.

☐ (4) It was difficult (of / for) Mary to speak Japanese.

② いろいろな不定詞

次の英文の (　　) 内の正しいものを○で囲みなさい。

☐ (1) I asked him (waits / to wait) for me at the gate.

☐ (2) She (told / said) me to read this book.

☐ (3) I want (you to go / you go) to the store for me.

☐ (4) He knows (how to / how he) use this machine.

☐ (5) She asked me (what to / what she) buy at the store.

☐ (6) The exam was too (easy / difficult) for me to pass.

☐ (7) I have (enough / many) time to visit the museum.

☐ (8) She told me (not to say / don't say) such a thing to my brother.

☐ (9) Emi made her sister (go / goes) shopping.

☐ (10) My father let me (played / play) a video game.

☐ (11) He (help / helped) me cook dinner yesterday.

答　① (1) to drive　(2) to write　(3) of　(4) for
　　② (1) to wait　(2) told　(3) you to go　(4) how to　(5) what to　(6) difficult
　　(7) enough　(8) not to say　(9) go　(10) play　(11) helped

基礎問題

▶答え　別冊 p.30

1 〈不定詞を含む文〉
次の英文の（　）内に入る適当な語句を選び，記号で答えなさい。

(1) She was tired, so she asked her husband (　　) dinner.
　　ア　cook　　　　　イ　to cook　　　　ウ　cooking

(2) She was too (　) abroad alone.
　　ア　young to go　　イ　young not to go　　ウ　go to young

(3) He is rich (　) a big house.
　　ア　enough to have　イ　much to have　　ウ　to have enough

(4) My mother told me (　) out after dark.
　　ア　to not go　　　イ　not to go　　　ウ　not go

(5) I don't know (　) a car.
　　ア　to drive　　　イ　what to drive　　ウ　how to drive

2 〈It ... (for __) to ～ の文〉
次の各組の英文がほぼ同じ意味になるように，（　）内に適当な1語を入れなさい。

(1) To tell a lie is wrong.
　　It is (　　　　)(　　　　)(　　　　) a lie.

(2) To get there on time isn't easy for us.
　　It isn't (　　　　)(　　　　) us (　　　　) get there on time.

3 〈too ... to ～ の文〉 重要
次の各組の英文がほぼ同じ意味になるように，（　）内に適当な1語を入れなさい。

(1) Sorry, I am so busy that I can't help you.
　　Sorry, I am (　　　　) busy (　　　　) help you.

(2) The book was so difficult that I couldn't read it.
　　The book was (　　　　) difficult for me (　　　　) read.

(3) My son is too small to ride a bike.
　　My son is (　　　　) small that he (　　　　) ride a bike.

84

4 〈いろいろな不定詞の文〉
次の日本文の意味を表すように，（　　）内から適当な語句を選び，○で囲みなさい。

(1) 私はあなたにピアノを弾いてもらいたいです。

I (ask / tell / want) you (to play / playing / to playing) the piano.

(2) 母はいつも私たちに学校に遅れないようにといいます。

My mother always (says / talks / tells) us (to be / not to be / don't) late for school.

(3) 彼は新しい車がほしいのですが，買えるだけのお金を持っていません。

He wants a new car, but he doesn't have (enough / any / many) money (to / for / with) buy one.

5 〈what to ～, how to ～ など，原形不定詞〉 差がつく
次の日本文の意味を表すように，（　　）内の語句を並べかえなさい。

(1) 私は何をすべきか知っています。

(to / what / know / I / do).

_____

(2) 私は父にいつ出発するかたずねました。

I (start / my father / when / asked / to).

I _____ .

(3) 私は母が皿を洗うのを手伝うつもりです。

(help / the dishes / my mother / will / wash / I).

_____

ヒント
1 (2)(3) 語順に注意。(4) not の位置に注意。
　▶ husband[hΛzbənd ハズバンド] 夫　abroad[əbrɔ́:d アブロード] 海外に
2 ▶ wrong[rɔ́(:)ŋ ロ(ー)ング] 悪い　on time 時間通りに
3 too ... to ～ は so ... that _ cannot ～ で書きかえられる。
　▶ ride[ráid ライド] ～に乗る
4 (2) late は形容詞。(3) one は a new car のこと。
　▶ be late for school 学校に遅刻する
5 (1)(2)〈疑問詞＋to 不定詞〉の形をつくる。
　(3)〈help ～＋原形不定詞（…）〉「～が…するのを助ける」の形をつくる。

1 次の英文の（　　）内に入る適当な語句を選び，記号で答えなさい。

(1) It is kind of you (　　　) me some flowers.

　　ア　bring　　　　イ　to bring　　　ウ　bringing　　　エ　brought

(2) My teacher taught me (　　　) use the machine.

　　ア　how　　　　イ　how to　　　　ウ　to be　　　　エ　what

(3) "Please tell me (　　　) to see in Hawaii."

　　"How about going to Waikiki Beach?"

　　ア　whose　　　イ　why　　　　　ウ　how　　　　　エ　what

(4) (　　　) difficult to find the causes of the accidents.

　　ア　It's　　　　イ　There's　　　ウ　Here's　　　　エ　That's

(5) They were (　　　) show me the way to the station.

　　ア　enough kind of　　　　　　イ　kind to enough

　　ウ　to enough kind to　　　　　エ　kind enough to

2 次の各組の英文がほぼ同じ意味になるように，（　　）内に適当な1語を入れなさい。

(1) The question was so difficult that I couldn't answer it.

　　The question was (　　　　　) difficult for me (　　　　　) answer.

(2) The woman asked me the way to the museum.

　　The woman asked me (　　　　　) (　　　　　) get to the museum.

(3) Mariko said, "Will you help me, Ken?"

　　Mariko (　　　　　) (　　　　　) (　　　　　) help her.

(4) You don't have to wash the dishes.

　　It is not (　　　　　) for you to wash the dishes.

(5) It was so cold that even thoughts froze.

　　It was (　　　　　) (　　　　　) for thoughts to freeze.

(6) She was angry to hear my words.

　　My words (　　　　　) her (　　　　　) angry.

3 ⚠️ ミス注意

次の日本文の意味を表すように，（　）内の語句を並べかえなさい。

(1) 私は恥ずかしくて外国人に英語で話しかけられません。

I (in / a foreigner / speak to / too / shy / am / to) English.

I _____ English.

(2) 私には，朝早く起きることは簡単ではありません。

(get up / me / easy / isn't / to / it / for) early in the morning.

_____ early in the morning.

(3) 彼に，あとで私に電話するようにいってください。

Please (me / call / him / later / to / tell).

Please _____ .

(4) 私は，病院に行くにはどのバスに乗ればよいのか母にたずねました。

I (take / to / the hospital / my mother / to / bus / asked / to / which / get).

I _____ .

(5) 子どもたちの世話をすることは，両親にとって大切なことです。

(care / is / for / to / it / of / important / take / parents) their children.

_____ their children.

(6) ちょっとお願いがあるのですが。

I'd (do / like / something / to / you).

I'd _____ .

(7) 学ぶのに遅すぎるということはありません。

It is (begin / late / not / to / too / to learn).

It is _____ .

(8) なぜ彼は気持ちをかえたのですか。

(change / what / him / his mind / made)?

_____ ?

(9) 彼女は私にあのペンを貸してくれました。

(let / she / pen / that / me / borrow).

_____

4 🔑重要

次の日本文を英語になおしなさい。

(1) あなたは彼女にもう二度と遅刻しないようにいうべきです。

_____

(2) 私は彼の誕生パーティーに何を着たらよいかわかりませんでした。

_____

13 動名詞

① 動名詞

☐ **動名詞の形と意味**

　　動名詞は〈動詞の原形＋-ing〉の形で「～すること」の意味を表す。

☐ **動名詞の用法**…名詞と同じ働きをし，主語・補語・目的語になる。

　（主語）**Speaking** English is interesting. （英語を話すことはおもしろいです）

　（補語）My hobby is **making** cakes. （私の趣味はケーキをつくることです）

　（目的語）He finished **doing** his homework. （彼は宿題をし終えました）

☐ **動名詞と不定詞**…不定詞や動名詞が動詞の目的語になる場合は，動詞によって動名詞を使うか不定詞を使うかが決まる。

　・どちらも目的語にとる動詞

　　　like，begin，start など。

> stop は，あとに動名詞がくる場合と不定詞がくる場合とで意味が異なる。
> He stopped eating.
> （彼は食べるのをやめた）
> ※ eating は stopped の目的語。
> He stopped to eat.
> （彼は食べるために立ち止まった）
> ※ to eat は目的を表す不定詞。

　　　I **like** **playing** soccer. / I **like** to play soccer. （私はサッカーをすることが好きです）

　・動名詞だけを目的語にとる動詞

　　　enjoy，finish，mind など。

　　　I **enjoyed** swimming. （私は水泳をして楽しみました）

　・不定詞だけを目的語にとる動詞

　　　want，hope，wish など。

　　　I **want** to climb Mt. Fuji. （私は富士山に登りたいです）

☐ **前置詞の目的語となる動名詞**

　　前置詞の後ろに動詞の表現が続くとき，その動詞は動名詞（-ing の形）になり，直前の前置詞の目的語となる。

　　　He went out **without saying** goodbye. （彼はさよならを言わずに出て行きました）

動名詞を用いた慣用表現			
be afraid of -ing	～するのを恐れる	look forward to -ing	～するのを楽しみに待つ
be interested in -ing	～することに興味がある	be good at -ing	～するのが上手だ
How about -ing?	～するのはどうですか	be fond of -ing	～することを好む
give up -ing	～するのをやめる，あきらめる	be proud of -ing	～であるのを自慢する

テストでは
ココが
ねらわれる
● 動名詞を目的語にとる enjoy, finish, stop はよく練習して身につけよう。
● 〈前置詞＋動名詞〉を用いた慣用表現は会話などでもよく出てくる表現。前置詞といっしょに暗記するまで練習しよう。

ポイント 一問一答

① 動名詞

次の英文の（　　）内の正しいものを○で囲みなさい。

- ☐ (1) (Playing / Play) the guitar is a lot of fun.
- ☐ (2) My hobby is (walking / walks) in the mountain.
- ☐ (3) She wants (learning / to learn) French.
- ☐ (4) The bus has started (move / moving).
- ☐ (5) The boys enjoyed (to swim / swimming) in the river.
- ☐ (6) Did they finish (eating / to eat) lunch?
- ☐ (7) Do you mind (opening / to open) the windows?
- ☐ (8) The kid suddenly stopped (cries / crying) .
- ☐ (9) The important thing for us is (have / having) enough sleep.
- ☐ (10) He is interested in (to play / playing) golf.
- ☐ (11) Don't give up (working / work) hard.
- ☐ (12) We looked forward to (go / going) camping.
- ☐ (13) Thank you for (called / calling) .
- ☐ (14) My sister is afraid of (touch / touching) the dog.
- ☐ (15) I left the shop without (bought / buying) anything.
- ☐ (16) I hope (eating / to eat) a lot of cakes.
- ☐ (17) He is very good at (to play / playing) the piano.
- ☐ (18) (Live / Living) in a big city is very convenient.

 ① (1) Playing　(2) walking　(3) to learn　(4) moving　(5) swimming
(6) eating　(7) opening　(8) crying　(9) having　(10) playing
(11) working　(12) going　(13) calling　(14) touching　(15) buying
(16) to eat　(17) playing　(18) Living

基礎問題

▶答え　別冊p.33

1 〈動名詞・不定詞の使い分け〉 🔑重要

次の英文の（　　）内に入る適当な語句を選び，記号で答えなさい。

(1) (　　　) the piano is difficult for me.

　　ア　Play　　　　イ　To playing　　ウ　Playing　　エ　Plays

(2) She wants (　　　) your mother.

　　ア　meet　　　　イ　meeting　　　ウ　to meet　　エ　met

(3) They enjoyed (　　　) a Christmas song in the church.

　　ア　sing　　　　イ　singing　　　ウ　sang　　　　エ　to sing

(4) I was very happy (　　　) the birthday cake.

　　ア　eat　　　　イ　ate　　　　　ウ　eating　　　エ　to eat

(5) The girl stopped (　　　) and opened the window.

　　ア　studies　　　イ　studying　　ウ　to study　　エ　studied

2 〈動名詞の意味〉

次の英文の意味を日本語で書きなさい。

(1) I like making cakes. (　　　　　　　　　　　　　　　　　　　　　　　　　)

(2) My hobby is listening to music.

　　(　　　　　　　　　　　　　　　　　　　　　　　　　　　　　　　　　　)

(3) Did you finish cleaning your room?

　　(　　　　　　　　　　　　　　　　　　　　　　　　　　　　　　　　　　)

(4) Tom leaves for school without having breakfast.

　　(　　　　　　　　　　　　　　　　　　　　　　　　　　　　　　　　　　)

3 〈動名詞の用法〉

次の各組の英文がほぼ同じ意味になるように，（　　）内に入る適当な語句を選び，記号で答えなさい。

(1) My mother likes to collect *kokeshi* very much.

　　My mother's hobby is (　　　) *kokeshi*.

　　ア　collect　　　イ　collecting　　ウ　collector　　エ　collects

(2) Did you have a good time at the theater?

　　Did you enjoy (　　　) the movie at the theater?

　　ア　watch　　　　イ　watched　　　ウ　to watch　　エ　watching

90

4 〈動名詞の文〉
次の日本文の意味を表すように（　　）内に適当な1語を入れなさい。ただし，与えられた文字で始めること。

(1) 子どもたちは川で楽しく泳ぎました。

The kids enjoyed (s　　　　　) in the river.

(2) あなたにとってはこの山を登るのは危険です。

(C　　　　　) this mountain is dangerous for you.

(3) おしゃべりするのをやめて私の話を聞きなさい。

Stop (t　　　　　) and listen to me.

(4) 入浴は済みましたか。

Have you finished (t　　　　　) a bath?

(5) 私の趣味は何もしないで眠ることです。

My hobby is (d　　　　　) nothing and sleeping.

5 〈動名詞の慣用表現〉
次の英文を日本語になおしなさい。

(1) We look forward to visiting your house.

(　　　　　　　　　　　　　　　　　　　　　　　　　　)

(2) My sister is interested in reading novels.

(　　　　　　　　　　　　　　　　　　　　　　　　　　)

(3) Don't be afraid of speaking English.

(　　　　　　　　　　　　　　　　　　　　　　　　　　)

💡 ヒント

1 (4) 「感情」の原因・理由を表す不定詞の副詞的用法「～してうれしかった」

2 ➡ leave for ～「～に向かう」，without -ing「～せずに」

3 (1) like は動名詞・不定詞両方を目的語にとれる動詞。

(2) have a good time at the theater「映画館で楽しい時を過ごす」

4 ➡ climb → [kláim クライム]「登る」

(4) take a bath「入浴する」

5 ➡ novel[nάvəl ナヴェル]「小説」

標 準 問 題

1 ◯重要
次の英文の（　　）内に入る適当な語句を選び，記号で答えなさい。

(1) I'm interested (　　) abroad.

   ア　of going　　　イ　at going to　　　ウ　in going　　　エ　to go to

(2) Thank you for (　　) me to dinner.

   ア　invite　　　イ　invited　　　ウ　to invite　　　エ　inviting

(3) After (　　) the door, he went into the room.

   ア　to open　　　イ　opening　　　ウ　have opened　　エ　opened

(4) A : Would you like to come to my party tonight?

   B : Yes, I would, but I can't. I must finish (　　) this report.

   ア　writing　　　イ　written　　　ウ　wrote　　　エ　to write

(5) (　　) clearly is a very important way of understanding each other.

   ア　Speak　　　イ　Speaks　　　ウ　Spoken　　　エ　Speaking

(6) I remember (　　) John the day before yesterday.

   ア　see　　　イ　to see　　　ウ　seeing　　　エ　to seeing

2 次の英文の（　　）内の語を適当な形になおしなさい。

(1) Lucy enjoys (watch) movies very much.　　　　　　　　　　＿＿＿＿＿＿＿

(2) (Fly) in space is my dream.　　　　　　　　　　　　　　　＿＿＿＿＿＿＿

(3) He is proud of (have) a friend in the U.S.　　　　　　　　　＿＿＿＿＿＿＿

3 🏠がつく
次の各組の英文がほぼ同じ意味になるように，（　　）内に適当な 1 語を入れなさい。

(1) Let's go on a picnic this weekend.

   How (　　　　　　) (　　　　　　　　) on a picnic this weekend?

(2) He can swim very well.

   He is very (　　　　　　) at (　　　　　　).

(3) It started to rain, but the children continued to play baseball.

   It started to rain, but the children didn't (　　　　　　) (　　　　　　)
   baseball.

4 ⚠️ ミス注意
次の日本文の意味を表すように，(　　) 内の語句を並べかえなさい。

(1) あなたはイギリス留学をあきらめてはいけません。

You (studying / in / not / give up / the U.K. / must).

You _____.

(2) 夜遅く大きな音を出すのをやめてくれませんか。

(loud noises / late / you / will / stop / making) at night?

_____ at night?

(3) この絵を見ると必ず私の故郷の町を思い出します。

I (hometown / never / this painting / without / see / my / remembering).

I _____.

(4) 私たち一家はみなあなたのわが家へのお出でを楽しみにお待ちしています。

Our family (having / to / looking / all / you / are / forward) at our house.

Our family _____ at our house.

(5) 私の趣味のひとつはひとりで旅をすることです。

(of / is / traveling / my hobbies / alone / one).

_____

(6) 新しいことに挑戦するのを怖がってはいけません。

(afraid / things / don't / of / be / challenging / new).

_____

5 次の対話文が完成するように，(　　) 内の語句を並べかえなさい。

(1) A : This is the ticket for you.

B : Oh, (a good / you / seat / me / thank / finding / for).

Oh, _____

(2) A : This is my room.

B : Oh, you have so many sports books!

A : Yes, (interesting / sports books / very / reading / is).

Yes, _____

1 次の英文の（　　）内に入る適当な語句を選び，記号で答えなさい。　　　　　　〈2点×10〉

(1) I'm looking forward to (　　) from you again.

　　ア　seeing　　　イ　see　　　　ウ　hear　　　エ　hearing

(2) Jack was writing a letter but stopped (　　) the telephone.

　　ア　answer　　　イ　answered　　ウ　answering　エ　to answer

(3) I will finish (　　) these two books by next week.

　　ア　read　　　　イ　reads　　　ウ　to read　　エ　reading

(4) Wash your hands before (　　) sandwiches.

　　ア　eat　　　　イ　to eat　　　ウ　eaten　　　エ　eating

(5) I'll ask your mother (　　) hamburgers.

　　ア　cook　　　　イ　cooks　　　ウ　cooking　　エ　to cook

(6) I would (　　) to go to New Zealand this winter.

　　ア　make　　　　イ　like　　　ウ　bring　　　エ　take

(7) Ken let me (　　) his new guitar.

　　ア　use　　　　イ　used　　　ウ　to use　　エ　using

(8) Tom went to school without (　　) breakfast.

　　ア　having　　　イ　has　　　ウ　to have　　エ　have

(9) We haven't got (　　) to Disneyland at the moment.

　　ア　money enough with going　　　イ　enough money to go

　　ウ　money enough for going　　　エ　enough money for go

(10) As we lost our way, we didn't know (　　).

　　ア　where go to　　　　　　　　イ　go to where

　　ウ　to go where　　　　　　　　エ　where to go

(1)		(2)		(3)		(4)		(5)	
(6)		(7)		(8)		(9)		(10)	

2 次の各組の英文がほぼ同じ意味になるように，（　　）内に適当な1語を入れなさい。〈4点×4〉

(1) I tried to open the door quietly.

I tried to open the door without (　　　) a (　　　).

(2) Keiko kindly showed me the way to the station.

Keiko was (　　　)(　　　) to show me the way to the station.

(3) Aki and Ken will be glad when they see Tom.

Aki and Ken will be glad (　　　)(　　　) Tom.

(4) Let's have a barbecue party next Sunday.

How (　　　)(　　　) a barbecue party next Sunday?

(1)	┊	(2)	┊
(3)	┊	(4)	┊

3 次の日本文の意味を表すように，（　　）内の語句を並べかえなさい。〈4点×4〉

(1) その子には一輪車に乗るのは無理です。

It (the child / ride / impossible / is / for / a unicycle / to).

(2) ぼくは父にパソコンを買ってくれるように頼みました。

I (for / a personal computer / my father / to / me / buy / asked).

(3) 私は母に何を買ってあげればよいのかわかりませんでした。

I (what / for / buy / know / my mother / to / didn't).

(4) 神戸でどこを訪れたらよいか私たちに教えてください。

(us / to / visit / tell / in / Kobe / please / where).

(1)	
(2)	
(3)	
(4)	

4 次の日本文の意味を表すように，（　　）内の語を使って空所を適当な語句で埋めなさい。

〈2点×3〉

(1) 彼女は親切にも街を案内してくれました。(enough)

　　She was _____ me around the town.

(2) 私たちは京都へ修学旅行に行くのを楽しみにしています。(look)

　　We _____ on a school trip to Kyoto.

(3) どちらのバスに乗ったらよいのか私に教えてください。(to)

　　Please _____ take.

(1)	
(2)	
(3)	

5 次の英文を，（　　）内の指示に従って書きかえなさい。

〈4点×4〉

(1) My father can ski very well. (be good at を用いて同意の文に)

(2) Studying science is interesting for me. (It を主語にして同意の文に)

(3) Ken said to me, "Please help me." (asked を用いて一文に)

(4) This bag is so heavy that she cannot carry it. (too ～ to を用いて同意の文に)

(1)	
(2)	
(3)	
(4)	

6 次の日本文を英語になおしなさい。ただし，（　　）内の語を用いること。

〈4点×2〉

(1) 本を読むことは私にとってとてもおもしろいです。(It)

(2) 私の兄は釣りが好きです。(fond)

(1)	
(2)	

7 次の英文を読んで、あとの問いに答えなさい。　　　　　　《(1)(2)5点×2, (3)(4)4点×2》

There was a small town in the north of Japan. Only seven thousand people lived there. ①(much money / didn't have / this town / their lives / to / make) much better. There were not many workers in the town hall. But they worked very hard without holidays to make life in the town better. The town people thanked them very much, so they helped the town hall through volunteer activities. For example, some people made chairs at the station because ②(for / trains / waiting / for / hard / was) people. Everyone in the town worked together for their town.

In this town there was a very small library and there were not many books there. The town people wanted a big library. They knew ③it was very expensive to build a library building. They also knew the town hall didn't have enough money to build one. There was an old building in the town. It was built 40 years ago. Then the workers in the town hall decided to use it as a town library. ④They asked people all over the country to give *used books to the town hall. Then the town hall got many books it needed for the library. The town people also helped the town hall to make their library. For example, they cleaned the old building and arranged the books. Thanks to many used books and the help of the town people, the town had a big new library. These small efforts of many people made the town library.

*used books　古本

(1) 下線部①の（　　）内の語句を並べかえなさい。

(2) 下線部②の（　　）内の語を並べかえなさい。

(3) 下線部③を日本語になおしなさい。

(4) 下線部④を日本語になおしなさい。

(1)	
(2)	
(3)	
(4)	

14 比較

重要ポイント

① 形容詞・副詞の語形変化

原級	比較級	最上級
tall	taller	tallest
fast	faster	fastest
famous	more famous	most famous

語形変化の例外
good / well - better - best
bad / ill - worse - worst
many / much - more - most

② 原級の用法

☐ 〈as＋原級＋as ... 〉「…と同じくらい~」…程度が同じであることを表す。

He is **as old as** my brother. (彼は私の弟 [兄] と年齢が同じです)

☐ 〈not as＋原級＋as ... 〉「…ほど~でない」…程度が同じでないことを表す。

Tom cannot run **as fast as** Jiro. (トムはジロウほど速く走れません)

☐ 〈ー times as＋原級＋as ... 〉「…のー倍の~」…「2倍」は twice を用いる。

This box is **three times as heavy as** that one. (この箱はあの箱の3倍の重さです)

③ 比較級・最上級の用法

☐ 〈A ... 比較級＋than B〉「A は B より~」…一方が他方より程度が高いことを表す。

比較の程度を強めるときは，比較級の前に much をつける。

Dick is **taller than** Andy. (ディックはアンディより背が高いです)

(≒ Andy is **shorter than** Dick. / Andy is **not as** [so] **tall as** Dick.)

Dick is two years **older than** Andy. (ディックはアンディより2歳年上です)

☐ 〈(the＋) 最上級＋of＋複数のもの [in＋場所]〉「…の中でいちばん~」

3つ以上のものを比べる。副詞の最上級には the をつけなくてもよい。

Tokyo is **the biggest city in** Japan. (東京は日本でいちばん大きな都市です)

(≒ Tokyo is **bigger than any other city in** Japan.)

☐ 〈比較級＋and＋比較級〉「だんだん~，ますます~」

His story became **more and more interesting**.

(彼の話はますますおもしろくなりました)

☐ which を用いた比較級の疑問文

Which is longer, this pen **or** that one? ― That one (is).

(このペンとあのペンではどちらが長いですか ―あのペンです)

テストでは **ココ**が ねらわれる

◉形容詞，副詞の比較変化を確実にマスターしておこう。
◉〈not as ＋原級＋ as ...〉と比較級や，〈比較級＋ than any other〉と最上級の書きかえもよく出題される。

ポイント **一問一答**

① 形容詞・副詞の語形変化

次の英文の（　　）内の正しいものを○で囲みなさい。

☐ (1) Ron is (tall / taller / tallest) than us.

☐ (2) That actor is (more / most) famous than this actor.

☐ (3) Your dictionary is (better / best) than mine.

☐ (4) Our father is (younger / youngest) than Bob's father.

② 原級の用法

次の英文の（　　）内の正しいものを○で囲みなさい。

☐ (1) I can play tennis as (well / better) as Kate.

☐ (2) We can't eat as (much / more) as Taku.

☐ (3) This apple is twice as (big / bigger) as that one.

☐ (4) This city is three times as (large / larger) as ours.

③ 比較級・最上級の用法

次の英文の（　　）内の正しいものを○で囲みなさい。

☐ (1) Ron is (old / older / oldest) than David.

☐ (2) The temperature became (hot / hotter / hottest)
　　　and (hot / hotter / hottest).

☐ (3) Mary is (the taller / the tallest) of the three.

☐ (4) Nancy cooks (better / the best) in her class.

☐ (5) Who is (tall / taller / tallest), Bob or Tom?

答
① (1) taller　(2) more　(3) better　(4) younger
② (1) well　(2) much　(3) big　(4) large
③ (1) older　(2) hotter, hotter　(3) the tallest　(4) the best
　　(5) taller

基 礎 問 題

▶答え 別冊 p.37

1 〈比較級・最上級のつくり方〉
次の形容詞，副詞の比較級・最上級を書きなさい。

	比較級	最上級
(1) young	( )	( )
(2) easy	( )	( )
(3) big	( )	( )
(4) well	( )	( )
(5) difficult	( )	( )

2 〈比較級・最上級の用法〉
次の英文の ( ) 内の語を適当な形になおしなさい。

(1) He is the (good) player on our basketball team. (   )

(2) Yesterday was (cold) than today. (   )

(3) This doll is the (pretty) of the five. (   )

3 〈比較の文の語順〉
次の日本文の意味を表すように，( ) 内の語句を並べかえなさい。

(1) 私はトムと同じ年齢です。

(am / Tom / old / as / as / I).

_____

(2) 私は四季の中で春がいちばん好きです。

I like (the best / four / of / seasons / spring / the).

I like _____ .

(3) できるだけ速く走りなさい。

(possible / as / as / run / fast).

_____

(4) マイクは私の母より 3 歳年下です。

(my mother / younger / is / Mike / years / three / than).

_____

4 〈原級⇄比較級⇄最上級〉 **重要**

次の各組の英文がほぼ同じ意味になるように，（　　）内に適当な1語を入れなさい。

(1) Jim is older than Andy.

Andy is (　　　　　　　　) than Jim.

(2) Kate is not as tall as my sister.

My sister is (　　　　　　) (　　　　　　) Kate.

(3) Mt. Everest is the highest mountain in the world.

Mt. Everest is (　　　　　) (　　　　　) (　　　　　) other

mountain in the world.

(4) This book is easier than that one.

That book is more (　　　　　) than this one.

5 〈比較の重要表現〉 **重要**

次の日本文の意味を表すように，（　　）内に適当な1語を入れなさい。

(1) だんだん暖かくなっています。

It is getting (　　　　　　) and (　　　　　　).

(2) ロンは私たちよりはるかに速く泳げます。

Ron can swim (　　　　　　) faster than us.

(3) 平泉は日本で最も美しい都市の1つです。

Hiraizumi is one (　　　　　) (　　　　　) (　　　　　) beautiful

cities in Japan.

(4) 私の祖父の年齢はジョンの6倍です。

My grandfather is (　　　　　) (　　　　　) as (　　　　　) as John.

(5) お茶とコーヒーではどちらが好きですか。

(　　　　　) do you like (　　　　　), tea (　　　　　) coffee?

💡**ヒント**

2 (2)は比較級，(1)(3)は最上級の文にする。

3 (3)命令文。「できるだけ〜」は as 〜 as possible。

(4)比較の程度を表す語句は比較級の前に置く。

4 (2)「姉[妹]のほうが背が高い」という文にする。

(3)〈A is＋the＋最上級〉⇄〈A is＋比較級＋than any other＋単数名詞〉

(4)「この本はあの本よりも簡単です」⇄「あの本はこの本よりも難しいです」

5 (1)〈比較級＋and＋比較級〉

(2)比較級の意味を強める副詞。

(4)「…の6倍の〜」は six times as 〜 as …。

1 重要
次の英文の（　　）内に入る適当な語句を選び，記号で答えなさい。

(1) Taro is the youngest (　　) all the members in his family.
　　ア　in　　　　　　イ　of　　　　　　ウ　with　　　　　エ　from

(2) My mother is older than my father (　　) three years.
　　ア　by　　　　　　イ　at　　　　　　ウ　on　　　　　　エ　for

(3) Maria can ski (　　) than Sally.
　　ア　good　　　　　イ　well　　　　　ウ　better　　　　エ　best

(4) Washington D.C. is one of the (　　) important cities in America.
　　ア　much　　　　　イ　more　　　　　ウ　most　　　　　エ　best

(5) No other animal is so (　　) as the whale.
　　ア　large　　　　　イ　larger　　　　ウ　largest　　　　エ　much larger

(6) A : I met your younger brother at the station today. I didn't know he's so tall.
　　B : Well, when he was a junior high school student, he was shorter than my
　　　　father. But he is as (　　) as my father is now!
　　ア　tall　　　　　　イ　short　　　　　ウ　taller　　　　エ　shorter

2 重要
次の各組の英文がほぼ同じ意味になるように，（　　）内に適当な1語を入れなさい。

(1) Yoshiaki is older than Akiko.
　　Akiko is (　　　　　) (　　　　　　　) Yoshiaki.

(2) Your school is bigger than ours.
　　Our school is not (　　　　　) (　　　　　) (　　　　　) yours.

(3) I have never seen such a big dog.
　　This is (　　　　　) (　　　　　) dog I have ever seen.

(4) The singer was the worst of all the *contestants.
　　The singer was (　　　　　) (　　　　　) any other contestant.
　　　　　　　　　　　　　　　　　　　　　*contestant（競技会などの）出場者

(5) My father is 45 years old. My mother is 43 years old.
　　My mother is two years (　　　　　) than my father.

(6) This bridge is not as long as that one.
　　This bridge is (　　　　　) (　　　　　) that one.

102

3 🏠差がつく

次の日本文の意味を表すように，（　　）内の語句を並べかえなさい。

(1) この箱はあの箱の4倍の大きさです。

This box is (as / as / four / large / times) that one.

This box is _____ that one.

(2) あなたは何色がいちばん好きですか。（2語句不要）

(do you / the best / color / how / what / are you / like) ?

_____

(3) 富士山は日本で最も美しい山々のうちの1つです。

Mt. Fuji is (beautiful / in / most / mountains / of / one / the) Japan.

Mt. Fuji is _____ Japan.

(4) 私はマキほど早く学校へ行きません。

(don't / school / I / as / as / go / early / Maki / to).

_____

(5) 5冊の雑誌の中でどれがいちばんカラフルですか。

(the / the most / which / of / is / colorful) five magazines?

_____ five magazines?

4 次の日本文の意味を表すように，（　　）内に適当な1語を入れなさい。

(1) ボブとピーターとではどちらが年上ですか。

Who is (_____), Bob or Peter?

(2) 私の部屋は彼の部屋より大きいです。

My room is (_____) than (_____).

(3) こんなおもしろい話はこれまで聞いたことがありません。

This is the (_____) (_____) story I have ever heard.

(4) すべての中でどれがいちばん新しい自転車ですか。

(_____) is the (_____) bike (_____) all?

(5) この建物は私の家よりずっと古いです。

This building is (_____) (_____) than my house.

(6) この箱はあの箱ほど重くはありません。

This box is (_____) (_____) heavy as that one.

(7) ヨウコはクラスのどの生徒よりも一生懸命勉強します。

Yoko studies (_____) than (_____) other student in her class.

15 いろいろな文

重要ポイント

① いろいろな文

□ **命令文**…動詞の原形で始める文。「〜しなさい」「〜してください」という意味。

Wake up. (起きなさい)　**Be** quiet. (静かにしなさい)　**Don't** run. (走ってはいけません)

□ **感嘆文** 〈What a [an]＋形容詞＋名詞＋主語＋動詞 !〉, 〈How＋形容詞 [副詞] ＋主語＋動詞 !〉…「なんと〜だろう！」と強い感情を表す文。

What a beautiful picture this is! (これはなんと美しい絵なんだろう！)

How cute she is! (彼女はなんてかわいいのだろう！)

□ **There is [are] 〜 .**…「〜がある [いる]」の意味を表す。

There are some benches in the park. (その公園にはベンチがいくつかあります)

□ **間接疑問**…文の中に別の疑問文が入るときは, 〈疑問詞＋主語＋動詞〜〉の形。

I don't know **where** Emi lives. (私はエミがどこに住んでいるか知りません)

② 文の構造

□ **look, become などの語と文構造** 〈動詞＋形容詞 [名詞]〉

〈look＋形容詞〉で「〜のように見える」, 〈become＋名詞 [形容詞]〉で「〜になる」。

He **became** a doctor. (彼は医者になりました)

□ **give, show などの語と文構造**

〈動詞＋目的語 (〜に〔人〕) ＋目的語 (…を〔もの〕)〉の形。

My father **gave** me a camera. (父は 私に カメラを くれました)

・この形をとる動詞… **tell** (話す), **teach** (教える), **buy** (買う), **show** (見せる)

・〈もの＋to [for] ＋人〉への書きかえ…目的語 (…を〔もの〕) を先に置き, 目的語 (〜に〔人〕) の前に to (give, show など) または for (buy, make など) がつく。

I **gave** him a pen. → I **gave** a pen **to** him. (私は 彼に ペンを あげました)

□ **call, make と文構造** 〈動詞＋A＋B〉

〈A＝B〉の関係。**call**「A を B と呼ぶ」, **make**「A を B にする」。

We **call** her Anny. (私たちは 彼女を アニーと 呼びます) (her＝Anny)

□ **接続詞 that を使った文**…〈主語＋一般動詞・be 動詞〜 that ...〉の形で動詞の目的語「〜ということを」や感情の原因「〜して」を表す。

I am happy **that** you came to see me. (私はあなたが私に会いに来てくれてうれしいです)

テストでは ココ が ねらわれる

● (You must ～. ≒命令文 / You must not ～. ≒ Don't ～. / Shall we ～? ≒ Let's ～. / What ～! ≒ How ～!) など，命令文，感嘆文は書きかえの出題が多い。

● 〈give[show]＋人＋もの〉や〈call[make]＋A＋B〉の形をマスターしよう。

ポイント 一問一答

① いろいろな文

次の英文の（　　）内の正しいものを○で囲みなさい。

- ☐ (1) Please (not / don't) smoke here.
- ☐ (2) Always (be / do) kind to others.
- ☐ (3) (What / How) a clever student he is!
- ☐ (4) (What / How) noisy the children are!
- ☐ (5) Are (there / they) many runners in the park?
- ☐ (6) Do you know (who is he / who he is)?
- ☐ (7) (These are / There is) an old book on the desk.
- ☐ (8) Tell me when (you did buy / you bought) this CD.

② 文の構造

次の英文の（　　）内の正しいものを○で囲みなさい。

- ☐ (1) She (become / became) a singer.
- ☐ (2) He looks (fine / a pianist).
- ☐ (3) She gave (her watch me / me her watch).
- ☐ (4) He showed (a map me / me a map).
- ☐ (5) He's Thomas. We call (Tom him / him Tom).
- ☐ (6) Do you think (if / that) it will rain tomorrow?
- ☐ (7) Give some advice (with / to) him.
- ☐ (8) My father bought a bike (for / of) me.
- ☐ (9) The soccer game (made / called) us excited.

答 ① (1) don't　(2) be　(3) What　(4) How　(5) there　(6) who he is
(7) There is　(8) you bought
② (1) became　(2) fine　(3) me her watch　(4) me a map　(5) him Tom
(6) that　(7) to　(8) for　(9) made

1 〈There is[are] 〜 の文〉
次の英文の（　　）内に入る適当な語句を選び，記号で答えなさい。

(1) (　　　　) any birds near the pond.

　　ア　They aren't　　　　　　　　　イ　It isn't
　　ウ　There isn't　　　　　　　　　エ　There aren't

(2) How many flowers (　　　) in the garden?

　　ア　is there　　　イ　are there　　　ウ　there is　　　エ　there are

(3) (　　　) a café near the station?

　　ア　Is there　　　イ　There is　　　ウ　Are there　　　エ　There are

2 〈感嘆文〉
次の英文の（　　）内に入る適当な語句を選び，記号で答えなさい。

(1) (　　　) kind the girl is!

　　ア　What a　　　イ　How a　　　ウ　What　　　エ　How

(2) (　　　) tall building this is!

　　ア　What a　　　イ　How a　　　ウ　What　　　エ　How

(3) How fast (　　　)!

　　ア　he can run　　　　　　　　　イ　can he run
　　ウ　he doesn't run　　　　　　　エ　does he run

3 〈命令文の形〉🔘重要
次の各組の英文がほぼ同じ意味になるように，（　　）内に適当な1語を入れなさい。

(1) You must be kind to old people.

　　(　　　　　　) (　　　　　　　　) to old people.

(2) You must not make a noise here.

　　(　　　　　　) (　　　　　　　　) a noise here.

(3) Will you wash the dishes?

　　Please (　　　　　　) (　　　　　　) (　　　　　　).

4 〈間接疑問の形〉
次の英文の（ ）内に適当な1語を入れて，2つの英文を1つにした間接疑問を完成させなさい。

(1) Who is that woman? Do you know her?

Do you know (   ) that woman (   )?

(2) Why did Tom say such a thing? I don't know it.

I don't know (   ) Tom (   ) such a thing.

5 〈文の構造①〉 ➡️重要
次の各組の英文がほぼ同じ意味になるように，（ ）内に適当な1語を入れなさい。

(1) My mother bought (   ) a pretty doll.

My mother bought a pretty doll (   ) me.

(2) I was happy when I heard the news.

The news (   ) (   ) happy.

6 〈文の構造②〉
次の日本文の意味を表すように，（ ）内の語を並べかえなさい。

(1) 彼女は年齢(ねんれい)のわりにはとても若く見えます。

(looks / she / young / very) for her age.

_____ for her age.

(2) 私の友だちは私をジミーと呼びます。

(Jimmy / call / my / friends / me).

_____

(3) トムは私がサッカーを好きなことを知っています。

(that / like / Tom / soccer / knows / I).

_____

 ヒント

1 (2) 数をたずねる疑問文。
➡️ café[kæféi キャフェイ] 喫茶店(きっさてん)
2 (1)(2) 空所のあとの品詞に着目する。
3 ➡️ make a noise 騒(さわ)ぐ
4 ➡️ such a thing「そのようなこと」
6 ➡️ for one's age「年齢のわりに」

1 次の英文の（　　）内に入る適当な語句を選び，記号で答えなさい。

(1) Who made (　　　) these delicious looking cakes?

　　ア　we　　　　　イ　our　　　　　ウ　us　　　　　エ　ours

(2) Can you (　　　) me your dictionary? I left mine at home today.

　　ア　borrow　　　イ　lend　　　　ウ　break　　　　エ　lose

(3) I'll give (　　　) on your birthday.

　　ア　you a CD player　　　　　　イ　you with a CD player

　　ウ　a CD player you　　　　　　エ　a CD player with you

(4) Nancy likes cooking very much and she always (　　　) the kitchen clean.

　　ア　keeps　　　　イ　goes　　　　ウ　builds　　　　エ　sees

(5) We (　　　) this white dog Pochi.

　　ア　call　　　　イ　say　　　　ウ　talk　　　　エ　tell

(6) Please (　　　) me a picture of your family.

　　ア　see　　　　イ　watch　　　　ウ　show　　　　エ　look

2 🔑重要

次の各組の英文がほぼ同じ意味になるように，（　　）内に適当な1語を入れなさい。

(1) My father told me a story.

　　My father told a story (　　　　　) (　　　　　).

(2) You have to be kind to everyone.

　　(　　　　　) kind to everyone.

(3) A month has thirty or thirty-one days.

　　(　　　　　) are thirty or thirty-one days in a month.

(4) She became happy when she heard the news.

　　The news (　　　　　) (　　　　　) happy.

(5) I don't know her address.

　　I don't know (　　　　　) she (　　　　　).

(6) Tell me your birthday.

　　Tel me (　　　　　) you were (　　　　　).

3 次の日本文の意味を表すように，（　　）内に適当な1語を入れなさい。

(1) 私はなぜ彼がそんなことをしたのか知りたいです。

I want to know (　　　　　　) he (　　　　　　) such a thing.

(2) 私のおじが先週，私にたくさんのリンゴを送ってくれました。

My uncle (　　　　　) (　　　　　　) many apples last week.

(3) その科学者はロボットを開発し，それを「カール」と名づけました。

The scientist developed a robot, and (　　　　　　) (　　　　　　　) "Carl."

(4) 私は私たちのチームがその試合に勝ってうれしかったです。

I was happy (　　　　　) our team (　　　　　　) the match.

4 ⚠ ミス注意
次の日本文の意味を表すように，（　　）内の語を並べかえなさい。

(1) この都市には何人の人がいますか。

(in / city / many / are / how / there / people / this)?

_____

(2) 今日は空に雲ひとつありません。

(no / there / in / clouds / are) the sky today.

_____ the sky today.

(3) これはなんて難しい問題なのだろう。

(difficult / is / what / problem / this / how / a)!（1語不要）

_____

(4) その映画はとても悲しくて，私たちの涙を誘いました。

The movie (and / cry / made / sad / us / very / was).

The movie _____ .

5 🏠 差がつく
次の日本文を英語になおしなさい。ただし，（　　）内の語を用いて表しなさい。

(1) 彼の兄はなんて上手に英語を話すのだろう。(how, well)

_____

(2) 私はうまく英語が話せなくて残念です。(sorry, that)

_____

16 名詞を後ろから修飾する語句

重要ポイント

① 前置詞＋語句

□ **前置詞＋語句の表す形容詞的用法**

前置詞に続く語句が前の名詞を後ろから修飾してひとまとまりの形容詞句をつくる用法。

Who is **the boy** <u>under</u> the tree?（木の下にいる男の子はだれですか）

The computer <u>on</u> the desk is mine.（机の上にあるコンピューターは私のものです）

② 不定詞

□ **不定詞の形容詞的用法**

不定詞＝to＋動詞の原形に続く語句が名詞を後ろから修飾してひとまとまりの形容詞句をつくる用法。

It's **time** <u>to start</u> now.（さあ出発する時間です）

I had **a chance** <u>to visit</u> Kyoto.（私は京都を訪れる機会がありました）

I need **something** <u>to write</u> with.（私は書くものが必要です）

③ 分詞

□ **現在分詞の形容詞的用法**

現在分詞は〈動詞の原形＋-ing〉の形で，名詞を修飾する形容詞の働きをし，「～している」の意味を表す。現在分詞1語の場合は修飾する名詞の前につき，他の語句とともに修飾する場合は名詞のあとにつく。

> 現在分詞には「～している」という能動の意味があり，過去分詞には「～された」という受け身の意味がある。(p.30 参照)

Look at that **sleeping boy**.

（あの眠っている少年を見なさい）

The boys <u>playing</u> baseball are Ken and his friends.

（野球をしている少年たちはケンと彼の友だちです）

□ **過去分詞の形容詞的用法**

過去分詞も名詞を修飾する形容詞の働きをし，「～された」の意味を表す。文中の位置は現在分詞と同じ。

I ate a **boiled egg**.（私はゆで卵を食べました）

I have **a friend** <u>named</u> Meg.（私にはメグと名づけられた友だちがいます）

●動詞の原形を分詞に書きかえさせる問題が多い。現在分詞か過去分詞か，修飾する名詞との関係から判断する**練習**をしておくこと。
●現在分詞は「〜している」，過去分詞は「〜された」の意味になる。

ポイント **一問一答**

① 前置詞＋語句

次の英文の（　　）内の正しいものを○で囲みなさい。

☐ (1) Tom is the student (from / with) long hair.

☐ (2) The girls under the tree (is / are) Yuka and Emi.

☐ (3) The picture on the wall (was / were) painted my mother.

② 不定詞

次の英文の（　　）内の正しいものを○で囲みなさい。

☐ (1) I don't have any time (doing / to do) my homework.

☐ (2) Give me something cold (drink / to drink).

☐ (3) I have some books (reading / to read) on the train.

③ 分詞

次の英文の（　　）内の正しいものを○で囲みなさい。

☐ (1) Look at that (run / running) dog.

☐ (2) The girl (worn / wearing) glasses is my sister.

☐ (3) Who is that boy (sits / sitting) at the table?

☐ (4) The cat sleeping on the sofa (look / looks) very cute.

☐ (5) There is a (breaking / broken) camera on the table.

☐ (6) Tom has a watch (making / made) in Germany.

☐ (7) I received a letter (writing / written) in English.

☐ (8) There is a (hiding / hidden) route to the castle.

答
① (1) with　(2) are　(3) was
② (1) to do　(2) to drink　(3) to read
③ (1) running　(2) wearing　(3) sitting　(4) looks
(5) broken　(6) made　(7) written　(8) hidden

1 〈前置詞＋語句，不定詞の形容詞的用法〉 🔊重要

次の英文の（　　）内に入る適当な語句を選び，記号で答えなさい。

(1) The boy (　　) this picture is one of my friends in the U.S.

　　ア　in　　　　　イ　under　　　　ウ　by　　　　エ　between

(2) Look at the moon (　　) the mountain.

　　ア　in　　　　　イ　among　　　　ウ　over　　　　エ　with

(3) The teachers from Australia (　　) very popular with us.

　　ア　is　　　　　イ　are　　　　　ウ　have　　　　エ　has

(4) I have no friends (　　) with after school.

　　ア　study　　　イ　studying　　　ウ　studies　　　エ　to study

(5) Cook me something hot (　　).

　　ア　eat　　　　イ　to eat　　　　ウ　eaten　　　　エ　eating

2 〈分詞の意味〉

次の語句の意味を日本語で書きなさい。

(1) a broken radio　　　　　　　　　　（　　　　　　　　　　　　　　　　　）

(2) a sleeping cat　　　　　　　　　　 （　　　　　　　　　　　　　　　　　）

(3) video games made in Japan　　　　（　　　　　　　　　　　　　　　　　）

(4) the books written by the novelist　（　　　　　　　　　　　　　　　　　）

3 〈後ろから名詞を修飾する語句の用法〉

次の各組の英文がほぼ同じ意味になるように，（　　）内に入る適当な語を選び，記号で答えなさい。

(1) Ms. Thompson has short brown hair.

　　Ms. Thompson is a teacher (　　) short brown hair.

　　ア　on　　　　　イ　in　　　　　ウ　of　　　　　エ　with

(2) Those books by Dazai Osamu are my favorites.

　　I like those books (　　) by Dazai Osamu.

　　ア　write　　　イ　wrote　　　　ウ　written　　　エ　writing

4 〈分詞の用法〉

次の日本文の意味を表すように, ( ) 内に適当な1語を入れなさい。ただし, 与えられた文字で始めること。

(1) 沸騰しているお湯に気をつけて。

Be careful of the (b   ) water.

(2) これが300年前に建設された寺です。

This is the temple (b   ) 300 years ago.

(3) ヒンディー語はインドで話されている言葉です。

Hindi is the language (s   ) in India.

(4) 私の父の横に立っている男性は私の兄です。

The man (s   ) next to my father is my brother.

(5) 私の妹は目玉焼きが大好きです。

My sister likes (f   ) eggs very much.

5 〈不定詞の形容詞的用法・分詞の用法〉 🔑重要

次の英文を日本語になおしなさい。

(1) I didn't have enough time to finish the homework yesterday.

(   )

(2) Look at the airplane flying above the building.

(   ) を見なさい。

(3) Do you know the man talking on the phone over there?

あちらで (   ) を知っていますか。

 ヒント

1 (3) 主語の The teachers は複数形。

(4) 「いっしょに勉強する友達」

2 現在分詞は「〜している」, 過去分詞は「〜された」という意味を表す。

▶ novelist [nάvəlist ナヴェリスト] 小説家

3 (1) 「短い茶色の髪をした」の意味にする。

(2) 「太宰治によって書かれた本」の意味にする。

4 ▶ boil [bɔ́il ボイル] 沸騰する

5 (1) 「宿題をやり終える十分な時間」

▶答え　別冊p.41

1 次の英文の（　　）内に入る適当な語句を選び，記号で答えなさい。

(1) The pandas in the zoo (　　　) brought to Japan from China three years ago.

　　ア　is　　　　　　イ　are　　　　　　ウ　was　　　　　　エ　were

(2) Bob's attitude toward me (　　) every day.

　　ア　change　　　　イ　changes　　　　ウ　changing　　　　エ　has changed

(3) The important thing for you (　　　) is to do your best.

　　ア　remember　　イ　remembered　ウ　to remember　エ　remembering

(4) You'll have another chance (　　　) abroad some day.

　　ア　to study　　　イ　study　　　　　ウ　studied　　　　　エ　studying

(5) The boy (　　　) with my teacher is Bob's son.

　　ア　is talking　　イ　talking　　　　ウ　was talking　　　エ　has talked

(6) These are the pictures (　　　) by my brother.

　　ア　taking　　　　イ　are taken　　　ウ　were taken　　　エ　taken

2 重要
次の英文の（　　）内の語を適当な形になおしなさい。

(1) (Smile) faces bring us happiness.　　　　　　　　　＿＿＿＿＿＿＿

(2) I love collecting (use) stamps.　　　　　　　　　　　＿＿＿＿＿＿＿

(3) The man (read) a book in his room is my father.　　＿＿＿＿＿＿＿

(4) I took a picture of that mountain (cover) with snow.　＿＿＿＿＿＿＿

3 差がつく
次の各組の英文がほぼ同じ意味になるように，（　　）内に適当な1語を入れなさい。

(1) I didn't want to eat anything.

　　I wanted (　　　　　　) (　　　　　　) eat.

(2) I was very busy, so I couldn't call you.

　　I was very busy, so I had no (　　　　　　) (　　　　　　) call you.

(3) Ms. Ito gave me this homework.

　　This is the homework (　　　　　　) to me (　　　　　　) Ms. Ito.

4 ⚠ ミス注意

次の日本文の意味を表すように，（　　）内の語句を並べかえなさい。

(1) 彼がとった写真が壁^{かべ}にかかっています。

The picture (taken / is / wall / by / on / the). (1語不足)

The picture _____ .

(2) 彼はパーティーに招待された客の1人です。

(to / he / the party / one / is / invited / of / the guests).

_____

(3) 市長は多くの若い選手が使う新しい野球場を建てました。

The mayor (by / built / young players / used / a / a lot of / baseball stadium / new).

The mayor _____ .

(4) 私のおじは，隣^{となり}のテーブルで昼食を食べている男性です。

My uncle (table / the man / at / is / lunch / the next / having).

My uncle _____ .

(5) 私はそのホテルの窓からの美しい眺^{なが}めを表現できません。(1語不要)

I can't express (view / the windows / seeing / the beautiful / from / of / seen / the hotel).

I can't express _____ .

(6) 彼らは公園の芝生の上に寝そべっている男の子に話しかけました。

(a boy / spoke / they / the grass / to / in / on) the park. (1語不足)

_____ the park.

(7) 警察は10代の若者が運転していた故障車を調べています。

The police are (driven / car / checking / broken / by / the) the teenager.

The police are _____ the teenager.

5 次の対話文が完成するように，（　　）内の語句を並べかえなさい。

A : What did your brother say?

B : He asked (a book / look for / me / has / to / wrote / written) in easy English. (2語不要)

He asked _____ in easy English.

17 関係代名詞

重要ポイント

① 関係代名詞の働きと種類

□ **関係代名詞**…名詞〔先行詞〕のあとに節を結びつけて，その名詞を説明する。

I know a girl . **The girl** speaks English.

→ I know a girl **who** speaks English. (私は英語を話す女の子を知っています)

who (＝主格の関係代名詞) 以下が a girl について説明している

□ **関係代名詞の種類**

先行詞 ＼ 格	主格	所有格	目的格
人	who	whose	(who)
動物・もの	which	whose	which
人・動物・もの	that	−	that

② 主格／目的格／所有格

□ **主格の関係代名詞 who** …〈先行詞＋who＋動詞～〉の語順で，先行詞は「人」。

□ **主格の関係代名詞 which**

〈先行詞＋which＋動詞～〉の語順で，先行詞は「人以外」。

a house **which** overlooks the lake (湖を見渡せる家)

> 関係代名詞thatの特別用法：
> 先行詞に，形容詞の最上級，the first (最初の)，the last (最後の)，all (すべての)，the only (ただ1つの)，every (すべての) がつくと，関係代名詞は that を使うことが多い。

□ **主格の関係代名詞 that** …〈先行詞＋that＋動詞～〉の語順で，先行詞が「人」「人以外」のいずれの場合にも使う。

the dog **that** is called "Max" (「マックス」と呼ばれている犬)

□ **目的格の関係代名詞 who, which, that**

〈先行詞＋目的格の関係代名詞＋主語＋動詞～〉の語順で，先行詞が「人」ならば that (who を使うこともある)，「人以外」ならば which または that を使う。

I have a picture . He painted **it**. (it=a picture)

→ I have a picture **which [that]** he painted.

(私は彼がかいた絵を持っています)

※目的格の関係代名詞は，口語ではふつう省略される。

□ **所有格の関係代名詞 whose** …〈先行詞＋whose＋名詞〉の語順で，先行詞の種類にかかわらず whose を使い，あとに無冠詞の名詞が続く。

I know that girl **whose hair** is long. (私はあの長い髪の少女を知っています)

whose 以降に出てくる hair を所有しているのが that girl。

ポイント 一問一答

① 関係代名詞の働きと種類

次の英文の（　　）内の正しいものを○で囲みなさい。

☐ (1) I know a man (which / who) can speak French.

☐ (2) I have a dog (which / who) can run fast.

☐ (3) We saw a girl (who / whose) has a pet monkey.

☐ (4) This is the computer (that / who) works very fast.

☐ (5) I have a friend (who / whose) father is a pilot.

☐ (6) She is the student (whose / who) was introduced by the teacher.

② 主格／目的格／所有格

次の英文の（　　）内の正しいものを○で囲みなさい。

☐ (1) That is a man (which / that) I met last Sunday.

☐ (2) She was the only student (which / that) could answer the question.

☐ (3) That is the movie (that / who) Ken and I saw yesterday.

☐ (4) I have a friend (who / whose) sister is a famous singer.

☐ (5) I know a girl (who / which) has been to Japan.

☐ (6) The man (I / which I) met yesterday was Tom's father.

☐ (7) The computer (I / who I) wanted to use was broken.

☐ (8) Can you see that man (whose / that) hair is gray?

答　① (1) who　(2) which　(3) who　(4) that　(5) whose　(6) who
　　② (1) that　(2) that　(3) that　(4) whose　(5) who　(6) I　(7) I　(8) whose

1 〈who, which の使い分け〉
次の英文の（　　）内に who か which を入れなさい。

(1) This is the girl (　　　　　　　　) can play the piano very well.

(2) I have a cat (　　　　　　　) has a short tail.

(3) The video (　　　　　　　) was sent from Mary was interesting.

(4) The girl (　　　　　　) is singing now is my friend.

2 〈関係代名詞の用法〉
次の英文の（　　）内に入る適当な語を選び，記号で答えなさい。

(1) That is a Canadian (　　　) I met yesterday.

　　ア　which　　　　イ　whose　　　　ウ　that

(2) I have a friend (　　　) mother is a scientist.

　　ア　who　　　　イ　whose　　　　ウ　which

(3) The flower (　　　) she found at the store was very nice.

　　ア　which　　　　イ　whose　　　　ウ　who

3 〈関係代名詞の文に書きかえ〉🔊重要
次の2つの文を，関係代名詞を使って1つの文に書きかえなさい。

(1) Yuki likes the hat.　She bought it in Kobe.

_____

(2) That is the woman.　Her cat always comes into our garden.

_____

(3) The soccer game was very exciting.　He watched it on TV.

_____

(4) Kate is a famous actor.　She can both sing and dance.

_____

(5) This is the flower.　I know its name.

_____

4 〈関係代名詞の使い分け〉 🔊重要
次の日本文の意味を表すように，（　　）内に適当な1語を入れなさい。

(1) 彼女はアイコという名のネコを飼っていました。

She had a cat (　　　　　　　) (　　　　　　　　　) was Aiko.

(2) 祖母が買った着物はとてもすてきです。

The *kimono* (　　　　　　　) my grandmother (　　　　　　　) is very nice.

(3) ケンジは学校に遅れたただ1人の生徒でした。

Kenji was the (　　　　　　　) student (　　　　　　　) was late for school.

(4) ポチは私の大好きな犬です。

Pochi is a dog (　　　　　　　) (　　　　　　　) like very much.

(5) 向こうでギターを弾いている少年はエドの弟です。

The boy (　　　　　　) (　　　　　　　) playing the guitar over there is Ed's brother.

5 〈関係代名詞を使った文の意味〉
次の英文を日本語になおしなさい。

(1) This is the desk which my mother used when she was a student.

これは母が (　　　　　　　　　　　　　　　　　　　) 机です。

(2) Some of the people that my aunt invited to the party didn't come.

私のおばがパーティーに招待した (　　　　　　　　　　　　) 来ませんでした。

(3) This is the digital camera I'm going to buy for my brother's birthday.

これが (　　　　　　　　　　　　　　　　　　　) デジタルカメラです。

ヒント
1 先行詞が「人」か「人以外」かに着目する。
→ sent[sent セント] send（送る）の過去形・過去分詞
2 (2) 所有格 whose は先行詞が「人」でも「人以外」でも使える。
3 (1)(3) 目的格の関係代名詞を考える。
　(2)(5) 所有格の関係代名詞を考える。
5 (1) which 以下最後までが the desk を修飾している。
　(2) that 以下 party までが the people を修飾している。

119

▶答え　別冊p.44

1 🔑重要
次の英文の（　　）内に入る適当な語を選び，記号で答えなさい。

(1) Tom's father has a car (　　　) often breaks down.
　　ア　which　　　　イ　who　　　　　ウ　whose　　　　エ　what

(2) See the girl and the dog (　　　) are running over there.
　　ア　that　　　　　イ　which　　　　ウ　who　　　　　エ　whose

(3) He is the first student (　　　) I made friends with in high school.
　　ア　that　　　　　イ　which　　　　ウ　and　　　　　エ　when

(4) He is the student (　　　) we are proud of.
　　ア　which　　　　イ　that　　　　　ウ　whose　　　　エ　what

(5) I went to the town (　　　) people were very kind.
　　ア　that　　　　　イ　whose　　　　ウ　who　　　　　エ　which

(6) Do you know the person (　　　) can sing better than my aunt?
　　ア　how　　　　　イ　which　　　　ウ　what　　　　エ　who

(7) I'm happy because this test has many questions (　　　) I know how to solve.
　　ア　whose　　　　イ　who　　　　　ウ　which　　　　エ　what

2 👆差がつく
次の日本文の意味を表すように，（　　）内に適当な1語を入れなさい。

(1) 私には美術が好きな友だちがいます。
　　I have a friend (　　　　　) (　　　　　) (　　　　　) of art.

(2) フランスは私が行ってみたい国のうちの1つです。
　　France (　　　　) (　　　　　) (　　　　　) (　　　　　)
　　(　　　　　) I want to visit.

(3) これは私が今までに渡った中でいちばん長い橋です。
　　This is the longest bridge (　　　　　) I (　　　　　) (　　　　　)
　　crossed.

(4) 私たちの住んでいる地球は，太陽から3番目にあたる惑星です。
　　The earth (　　　　　) (　　　　　) we live is the third planet from the
　　sun.

(5) 今年は私たちがこの10年間で経験した最も寒い冬です。
　　This is the coldest winter (　　　　　) (　　　　　) (　　　　　) had in
　　these ten years.

3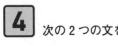
次の日本文の意味を表すように，（　　）内の語句を並べかえなさい。

(1) 彼女は中国出身の先生です。

She (who / is / China / comes / a teacher / from).

She _____.

(2) 箱の中で眠っているネコを見てください。

(is / the cat / which / at / sleeping / look) in the box.

_____ in the box.

(3) 昨日トムが私にくれた本はとてもおもしろいです。

The book (me / gave / which / yesterday / Tom) is very interesting.

The book _____ is very interesting.

(4) きみがさがしている教会はあの丘の上にあります。

(for / are / you / the church / is / looking / it / that) on that hill. (1語不要)

_____ on that hill.

(5) これが彼が毎日使っているテニスラケットです。

(the / is / that / this / uses / he / tennis / racket) every day.

_____ every day.

(6) 私は両親が外国で働いているその男の子を知りません。

I don't know that (foreign / parents / a / work / whose / country / in / boy).

I don't know that _____.

(7) テレビが好きでない子どもはほとんどいません。

(like / few / who / there / are / don't / children) TV.

_____ TV.

4 次の2つの文を関係代名詞を使って，1つの文にしなさい。

(1) They are the old couple. They live near my house.

_____

(2) Have you ever seen a car? It was made in India.

_____

(3) The magazine is very interesting. You lent me it yesterday.

_____

5 ⚠ ミス注意
次の各組の英文がほぼ同じ意味になるように，（　　）内に適当な1語を入れなさい。

(1) I like the boy. He is playing soccer with his brother in the park.

I like the boy (　　　　　) (　　　　　　　　) playing soccer with his brother in the park.

(2) Some students live very far from our school.

Our school has some students (　　　　　　) (　　　　　　　) very far from the school.

(3) There are many pictures in this book.

This is a book (　　　　　) (　　　　　) a lot of pictures.

(4) I have a blue *yukata*. My mother made it.

I have a blue *yukata* (　　　　　　) my mother made.

(5) This is a picture drawn by my sister last year.

This is a picture (　　　　　) (　　　　　) (　　　　　　　) last year.

6 次の英文の中から，関係代名詞の **that** が使われているものをすべて選び，番号で答えなさい。

(1) I know this is the most interesting movie that I have ever seen.

(2) I know what that is.

(3) I know the house that Mike's father built last year.

(4) I know that she can speak French.

(5) I know that girl playing the piano.　　　　　　　　　　（　　　　　　）

7 🔊重要
次の英文を日本語になおしなさい。

(1) A girl whose name is Jane came here.

（　　　　　　　　　　　　　　　　　　　　　　　　　　　　　）

(2) China is a big country which has a long history.

（　　　　　　　　　　　　　　　　　　　　　　　　　　　　　）

(3) My brother is the only one that knows about the news.

（　　　　　　　　　　　　　　　　　　　　　　　　　　　　　）

(4) He is a famous actor everyone in Japan knows.

（　　　　　　　　　　　　　　　　　　　　　　　　　　　　　）

8 次の英文の中から，省略できる関係代名詞を含むものをすべて選び，番号で答えなさい。

(1) This is the smallest dog that I have ever kept.

(2) This is the biggest bird that flies in the cage.

(3) The man who met my father at the airport last Friday was Mr. Smith.

(4) Last Friday I met the man whose name was Mr. Smith.

(5) The car which he bought was made in Japan.　　　　　（　　　　　）

9 次の各組の英文が同じ意味になるように（　　）内に適当な1語を入れ，できた英文を日本語になおしなさい。

(1) John was the first person to come.

John was the person (　　　　　　) (　　　　　　) first.

(　　　　　　　　　　　　　　　　　　　　　　　　　　　　　　　　　）

(2) Can't you see the notice saying, "No Parking"?

Can't you see the notice (　　　　　　) (　　　　　　),"No Parking"?

(　　　　　　　　　　　　　　　　　　　　　　　　　　　　　　　　　）

10 差がつく

次の日本文を英語になおしなさい。

(1) 彼は仙台で英語を教えているアメリカ人の男の人でした。

_____

(2) これは私が先月買った雑誌です。

_____

(3) 彼女はモモ（Momo）という名前の犬を飼っています。

_____

(4) 私が東京でとった写真をあなたに見せてあげましょう。

_____

(5) ヨウコはこの学校で中国語を話すことができる唯一の生徒です。

_____

18 仮定法

① If 〜. の文

☐ 〈If＋主語＋動詞の過去形〜，主語＋助動詞の過去形＋動詞の原形…〉の文
「もし〜なら…するのに」…現在の事実と異なる状態を仮定して言うとき，if に
続く文中の動詞と，あとに続く文中の助動詞は過去形で表される。これを仮定法と
いう。be 動詞は主語の人称や数（単数・複数）に関係なく **were** で表されること
が多い。

　　If I were[was] free, I **could** play outdoors. （もしひまなら，外で遊べるのに）

　　⇔（現在の事実）I am not free now, so I cannot play outdoors.

　　If I knew Tom's address, I **would** write to him.

　　（トムの住所を知っていたら，手紙を出すのに）

　　⇔（現在の事実）I don't know Tom's address, so I will not write to him.

☐ 〈If＋主語＋現在形の動詞〉の文…現実に起こりうる「条件」を言うときは，if の
あとに続く文中の動詞は現在形で表される。これは仮定法ではない。

　　If it **is** sunny tomorrow, I **will** go shopping.

　　（もし明日晴れたら，私は買い物に行くつもりです）

　　If Tom **comes**, please tell him to wait.

　　（もしトムが来たら，待つように言ってください）

② I wish 〜. の文

☐ 〈I wish＋主語＋動詞 [助動詞] の過去形〜.〉の文…「〜ならいいのに」と事実
と異なる願望を表すとき，I wish（願う）の後ろに I went や I could など，〈主語
＋動詞・助動詞の過去形〉を続ける。

　　I wish I **were** in America. （アメリカにいればなあ）

　　⇔（現在の事実）I'm not in America.

　　I wish I **had** a car. （車があればなあ）

　　⇔（現在の事実）I don't have a car.

　　My sister **wishes** she **could** play the piano.

　　（私の姉 [妹] はピアノが弾けたらなあと思っています）

　　⇔（現在の事実）My sister cannot play the piano.

● テストでは，If 〜，I wish 〜．の文の動詞の形がよく出題される。
● 現在の事実と異なる状態や動作の「仮定」や「願望」について述べている場合は過去形，起こりうる「条件」について述べている場合は現在形で表される。

ポイント 一問一答

① If 〜. の文

次の英文の（　　）内の正しいものを○で囲みなさい。

☐ (1) If I (am / were) rich, I could buy the house.

☐ (2) If she were not sick, Yumi (will / would) come.

☐ (3) If he (can / could) speak English, Ken would join the English program.

☐ (4) If they (are / were) here, they would be happy.

☐ (5) If the weather (is / were) good next Sunday, the students will go to Nikko.

☐ (6) If she (knows / knew) your phone number, Emi will call you.

☐ (7) If I (am / were) you, I would get angry.

☐ (8) If I wake up early, I (would / will) do my homework in the morning.

② I wish 〜. の文

次の英文の（　　）内の正しいものを○で囲みなさい。

☐ (1) I wish I (have / had) a sister.

☐ (2) I wish I (am / were) able to run faster.

☐ (3) I wish I (can / could) sing well.

☐ (4) Tom wishes he (understands / understood) Japanese.

☐ (5) Emi wishes she (is / were) able to speak Korean.

☐ (6) Do you wish you (are / were) not a Japanese?

☐ (7) I'm sorry that I (am / were) busy. I wish I could help you.

☐ (8) We are sorry that we (can / must) leave now. We wish we had more time.

答
① (1) were (2) would (3) could (4) were (5) is (6) knows
(7) were (8) will
② (1) had (2) were (3) could (4) understood (5) were
(6) were (7) am (8) must

125

基礎問題

▶答え　別冊p.47

1 〈仮定法の形〉 🔊重要

次の英文の（　　）内に入る適当な語句を選び，記号で答えなさい。

(1) If he (　　) free, Tom would call me.

　　ア　is　　　　　　イ　be　　　　　　ウ　were

(2) If you (　　) how to cook, you would be a good cook.

　　ア　learn　　　　イ　learned　　　　ウ　will learn

(3) I wish I (　　) do something for the poor children.

　　ア　can　　　　　イ　will　　　　　ウ　could

(4) If it (　　) dark, let's close the curtains.

　　ア　got　　　　　イ　will get　　　ウ　gets

(5) What would you like to do if you (　　) more money?

　　ア　have　　　　　イ　had　　　　　ウ　could

(6) (　　) a convenience store near here, our life would be easier.

　　ア　If there is　　イ　If we have　　ウ　If there were

2 〈仮定法の用法〉

次の日本文の意味を表すように，（　　）内の語句を並べかえなさい。

(1) もっとうまく英語を話せたらいいのに。

　　I (could / better / speak / I / English / wish).

　　I _____ .

(2) もし外国に友だちがいたらその子の国に行けるのに。

　　(a friend / in / had / I / if) a foreign country, I could visit his or her country.

　　_____ a foreign country, I could visit his or her country.

(3) マリはもう少し背が高かったらなあと思っています。

　　Mari (were / taller / a little / wishes / she).

　　Mari _____ .

(4) 明日大雪が降ったら，学校はないでしょう。

　　(snows / tomorrow / if / heavily / it), we'll have no school.

　　_____ , we'll have no school.

3 〈仮定法が使われている文の意味〉
次の各組の英文がほぼ同じ内容になるように，（　　）内に適当な1語を入れなさい。

(1) I am busy, so I cannot go out with you.

　　If I (　　　　　) not busy, I (　　　　　) go out with you.

(2) If I had another pen, I could lend this one to you.

　　I (　　　　　) have another pen, so I (　　　　　) lend this one to you.

4 〈仮定法を含む表現①〉 🔊重要
次の英文の下線部を日本語になおしなさい。

(1) If he found a new kind of video games, my brother would be happy to buy it.

　　(　　　　　　　　　　　　　　　　　　　　　　　　　　　　　　)

(2) I wish I could run faster than Tom.

　　(　　　　　　　　　　　　　　　　　　　　　　　　　　　　　　)

5 〈仮定法を含む表現②〉
次の日本文の意味を表すように，（　　）内に適当な1語を入れなさい。

(1) もし私が今20歳ならひとり暮らしができるのに。

　　If I (　　　　　) twenty years now, I (　　　　　) live alone.

(2) 彼女は庭付きの家に住めたらいいのになあと思っています。

　　She (　　　　　) she (　　　　　) live in a house with a garden.

(3) すぐに家を出ないとそのバスに間に合わないでしょう。

　　If you (　　　　　) leave home soon, you (　　　　　) catch the bus.

💡ヒント

1 仮定法を用いた if に続く文中の動詞と，そのあとに続く文中の助動詞には過去形を用いる。また wish を用いて願望を表す文中の助動詞も同じく過去形になる。
2 (4) 起こりうる条件をいうとき，if のあとの文中の動詞は現在形で表す。
3 (2)「私はもう1本のペンを持っていないので，このペンをあなたに貸すことはできません」という意味の文に書きかえる。
4 (1) a new kind of「新しい種類の」
5 (3) catch the bus「バスに乗る［間に合う］」

1 🔘重要
次の英文の（　　）内に入る適当な語句を選び，記号で答えなさい。

(1) If you (　　　) a student again, what sport would you play, Dad?

　　ア　are　　　　　　　　　イ　were

　　ウ　have　　　　　　　　エ　had

(2) If he (　　　) read Japanese, Bob would like this novel.

　　ア　can　　　　　　　　　イ　cannot

　　ウ　could　　　　　　　　エ　couldn't

(3) If Tom (　　　) tomorrow, we'll have to do this work without him.

　　ア　will come　　　　　　イ　has come

　　ウ　won't come　　　　　エ　doesn't come

(4) Nancy wishes she (　　　) read Japanese comics without a dictionary.

　　ア　will　　　　　　　　　イ　can

　　ウ　could　　　　　　　　エ　should

(5) Tom wishes he (　　　) a comedian like Chaplin.

　　ア　be　　　　　　　　　イ　were

　　ウ　has been　　　　　　エ　is

(6) (　　　) another 50 dollars, Mike could buy the new tennis racket.

　　ア　If he has　　　　　　イ　If he had

　　ウ　When he has　　　　エ　if he doesn't have

(7) What Italian food (　　　) you make if you were a famous chef?

　　ア　will　　　　　　　　　イ　would

　　ウ　did　　　　　　　　　エ　can

(8) If you (　　　) this *yukata*, you would look so cute!

　　ア　wear　　　　　　　　イ　wore

　　ウ　wearing　　　　　　エ　wears

(9) What would the world be like if (　　　) any borders?

　　ア　there is　　　　　　　イ　there are

　　ウ　there aren't　　　　　エ　there weren't

(10) If it's sunny tomorrow, I (　　　) on a picnic.

　　ア　could go　　　　　　イ　will go

　　ウ　would go　　　　　　エ　have been

2 次の日本文の意味を表すように、（　　）内に適当な1語を入れなさい。

(1) もし調子がいいなら、ヒロは今日試合に出てくるのに。

If he (　　　　　　　) in good condition, Hiro (　　　　　　　) play in the game today.

(2) もう少し背が高かったらバスケットボールをするのに。

If I (　　　　　　) a little taller, I (　　　　　　　) play basketball.

(3) きみのお兄ちゃんのような兄がいればなあ。

I (　　　　　　) I (　　　　　　) a brother like yours.

(4) その幼い男の子は自分が鳥だったらいいのになあと思っています。

The little boy wishes (　　　　　　) (　　　　　　) a bird.

(5) 戦争がなかったら世界はもっと平和になるのに。

If there (　　　　　　) no wars, the world (　　　　　　) be more peaceful.

(6) 私の祖父は、もしアメリカに住んでいたら英語をとても上手に話せるのに、といつも言っています。

My grandfather always says, "I (　　　　　　) speak English very well if I (　　　　　　) in the U.S.A."

(7) いい友だちがいれば私の息子ももっとがんばるのに。

If he (　　　　　　) a good friend, my son (　　　　　　) work harder.

(8) 今晩電車が止まったら駅近くのホテルに泊まるつもりです。

If the train (　　　　　　) this evening, I (　　　　　　) stay at a hotel near the station.

(9) 水がなかったら生きていけるものなどないだろう。

If (　　　　　　) were no water, nothing (　　　　　　) survive.

⚠ ミス注意

次の各組の英文がほぼ同じ内容になるように, (   ) 内に適当な 1 語を入れなさい。

(1) Ellen cannot come because her mother is not well.

If her mother (   ) well, Ellen (   ) come.

(2) My grandmother is very good at cooking. I want to be like her.

I (   ) I (   ) cook well like my grandmother.

(3) Ryota won't be able to find your house because he doesn't know your address.

If he (   ) your address, Ryota (   ) be able to find your house.

(4) If I didn't have anything to do, I'd be glad to go to a *karaoke* box.

I (   ) go to a *karaoke* box because I am (   ).

(5) If I studied Korean, I could understand it.

I don't (   ) Korean, so I (   ) understand it.

(6) Because they have no swimming pool, the students of the school cannot swim in summer.

If there (   ) a swimming pool, the students of the school (   ) swim in summer.

4

差がつく

次の英文を日本語になおしなさい。

(1) If you were a bird, where would you like to fly?

(   )

(2) I wish we could solve global warming.

(   )

(3) You could buy a new bag if you could save your money.

(   )

(4) I wish you stopped eating sweets often.

(   )

5 🔑重要)

次の日本文の意味を表すように，(　　)内の語句を並べかえなさい。

(1) もし私があなただったらそのようなことはしないのに。

(do / wouldn't / such a thing / I) if I were you.

_____ if I were you.

(2) もしどこにでも住めるのならどこに住みたいですか。

Where (live / would / to / you / like) if you could live anywhere?

Where _____ if you could live anywhere?

(3) もし宇宙船に乗るチャンスがあったらあなたは喜んで搭乗しますか。

(a chance / on / you / if / a spaceship / ride / had / to), would you be glad to do so?

_____, would you be glad to do so?

(4) このことを知ったら先生は激怒するでしょうに。

Our teacher (if / knew / very angry / this / he / would / get).

Our teacher _____.

(5) 明日晴れれば，私は外出するでしょう。

I (go / if / sunny / is / it / will / out) tomorrow.

I _____ tomorrow.

(6) ネコの言葉が理解できたらいいのになあ。

I (the words / could / of / wish / cats / I / understand).

I _____.

(7) 私たちの学校にダンス部があればいいのになあ。

I (had / in / a dance club / we / our school / wish).

I _____.

(8) もし1日に12時間しかないとしたらあなたはどうしますか。

What would you do (only / a day / were / if / twelve / there / in / hours)?

What would you do _____ ?

6 次の日本文を英語になおしなさい。

(1) もしひまならあなたと映画に行けるのですが。

_____

(2) もう1台自転車があったらいいなあ。

_____

◎制限時間**40**分
◎合格点**80**点
▶答え　別冊p.50

点

1 次の英文の（　　）内に入る適当な語句を選び，記号で答えなさい。　〈2点×10〉

(1) That hat looks (　　) than mine.

ア　pretty　　　　イ　prettier　　　ウ　more pretty　　エ　prettiest

(2) Mr. Doi is one of the (　　) famous men in this town.

ア　very　　　　イ　more　　　　ウ　most　　　　エ　best

(3) I cannot cook curry and rice as (　　) as my mother.

ア　good　　　　イ　better　　　ウ　best　　　　エ　well

(4) The hotel (　　) is on the hill was built last year.

ア　it　　　　　イ　who　　　　ウ　which　　　エ　whose

(5) A woman (　　) name was Ito called you about thirty minutes ago.

ア　who　　　　イ　whose　　　ウ　which　　　エ　that

(6) I will make something hot (　　) you.

ア　for　　　　イ　to　　　　　ウ　of　　　　　エ　from

(7) (　　) slowly that dog walks!

ア　What　　　イ　How　　　　ウ　Why　　　　エ　Which

(8) (　　) use your foot to push the button.

ア　Not　　　　イ　Must　　　ウ　Mustn't　　エ　Don't

(9) If he (　　) tired, he would not come.

ア　are　　　　イ　is not　　　ウ　were　　　エ　were not

(10) I wish I (　　) Spanish.

ア　understand　イ　understanding　ウ　understood　エ　could

(1)		(2)		(3)		(4)		(5)	
(6)		(7)		(8)		(9)		(10)	

2 次の日本文の意味を表すように，（　）内に適当な1語を入れなさい。　〈2点×4〉

(1) 私はトムより2歳年下です。

I am two years （　　　）（　　　） Tom.

(2) 私は彼が昨日からどこにいるのか知りたいです。

I want to know （　　　） he （　　　） been since yesterday.

(3) ユキはその CD を私にくれると言いました。

Yuki （　　　） me （　　　） she would give me the CD.

(4) マイクからの手紙に彼女はうれしくなりました。

The letter from Mike （　　　）（　　　） happy.

(1)		(2)	
(3)		(4)	

3 次の各組の英文がほぼ同じ意味になるように，（　）内に適当な1語を入れなさい。　〈2点×4〉

(1) Our school has two libraries.

（　　　）（　　　） two libraries in our school.

(2) The girls singing on the stage are Eri and Saki.

The girls （　　　）（　　　） singing on the stage are Eri and Saki.

(3) You must be quiet for a while.

（　　　）（　　　） noisy for a while.

(4) I'm not very rich, so I can't buy the new computer.

If I （　　　） very rich, I （　　　） buy the new computer.

(1)		(2)	
(3)		(4)	

4 次の各文を（　　）内の指示に従って書きかえなさい。　〈4点×5〉

(1) You have a very old clock. (感嘆文に)

(2) John can't run as fast as Bob. (ボブを主語にして同じ内容を表す文に)

(3) When did Tom leave Japan? (Do you know に続けて一文に)

(4) Is this the table?　Your father made it. (関係代名詞を用いて一文に)

(5) I can't play the guitar. (wish を用いて願望を表す仮定法の文に)

(1)	
(2)	
(3)	
(4)	
(5)	

5 次の日本文を英語になおしなさい。　〈3点×4〉

(1) 父がこのうで時計を私にくれました。

(2) その知らせは母を悲しませるでしょう。

(3) あなたはあの男の子がだれだか知っていますか。

(4) 私がもしひまなら図書館に行くのですが。

(1)	
(2)	
(3)	
(4)	

6 次の日本文の意味を表すように，（　　）内の語句を並べかえなさい。　〈4点×8〉

(1) 今日彼女はなんて美しいドレスを着ているんだ。

　　(a / wears / dress / what / she / beautiful) today!

(2) 私は私たちのチームが優勝したのを聞いてうれしかったです。

　　I was happy (won / the first / hear / our team / to / prize / that).

(3) 英語を話すことは英語を書いたり読んだりすることよりもおもしろいです。

　　(reading it / interesting / than / writing or / English / is / more / speaking).

(4) 鎌倉は私が最も好きな都市の1つです。

　　Kamakura is (I / one / the best / the cities / like / of).

(5) 尾が長いその鳥の名前がわかりますか。

　　Do you know (of / whose / the bird / is / tail / long / the name)?

(6) 最近日がどんどん短くなってきています。

　　These days (and / are / shorter / getting / the days / shorter).

(7) 私に犬の言葉がわかればタロウと楽しくおしゃべりできるのになあ。

　　I could enjoy talking with Taro (I / dogs' words / if / able / understand / to / were).

(8) 中国語が話せる友だちがいればなあ。

　　I (had / who / Chinese / a friend / could / I / wish / speak).

(1)	
(2)	
(3)	
(4)	
(5)	
(6)	
(7)	
(8)	

□ 編集協力　㈱プラウ21（益田春花）　阿久津菜花　中山史奈

□ 本文デザイン　小川純（オガワデザイン）　南彩乃（細山田デザイン事務所）

シグマベスト
実力アップ問題集
中学英文法

本書の内容を無断で複写（コピー）・複製・転載する
ことを禁じます。また，私的使用であっても，第三
者に依頼して電子的に複製すること（スキャンやデ
ジタル化等）は，著作権法上，認められていません。

編　者	文英堂編集部
発行者	益井英郎
印刷所	中村印刷株式会社
発行所	株式会社文英堂

〒601-8121　京都市南区上鳥羽大物町28
〒162-0832　東京都新宿区岩戸町17
（代表）03-3269-4231

実力
アップ
問題集

EXERCISE BOOK | ENGLISH

解答・解説

中学英文法

文英堂

1 be 動詞・一般動詞

p.6〜7 **基礎問題の答え**

1 (1) 生徒 [学生] です
(2) いすの上にあります　(3) 庭にいます

解説 be 動詞は「〜である」「〜にいる [ある]」の意味になる。be 動詞のあとに場所を表す表現がきている場合は「〜にいる [ある]」と訳す。

2 (1) **She isn't [She's not]**　(2) **I'm not**
(3) **Are you**　(4) **Is your father**

解説 be 動詞の文を否定文にするときは〈be 動詞＋not〉に，疑問文にするときは〈Be 動詞＋主語〜?〉の形にする。なお，is not は **isn't**，are not は **aren't** という短縮形を用いることができる。**am not** には短縮形はない。
(1)「彼女は私たちの先生です」→「彼女は私たちの先生ではありません」
(2)「私はアオキカズオです」→「私はアオキカズオではありません」
(3)「あなたはアメリカ人です」→「あなたはアメリカ人ですか」
(4)「あなたのお父さんは医者です」→「あなたのお父さんは医者ですか」

3 (1) **I am**　(2) **she isn't [She's not]**
(3) **they are**

解説 〈Be 動詞＋主語〜?〉の疑問文の返答は Yes / No で始め，be 動詞を使うのが基本。主語は代名詞に置きかえる。
(1) A「あなたはケンの友だちですか」B「はい，そうです」
(2) A「あの女性はあなたのお母さんですか」B「いいえ，ちがいます」
(3) A「ジムとトムはあなたといっしょにいますか」B「はい，います」
Jim and Tom は they に置きかえる。

4 (1) サッカーが大好きです
(2) 彼女の母親の手伝いをします

解説 (1) like は「〜が好きである」という意味。very much は「とても」。
(2) help は「〜を助ける，〜の手伝いをする」。

5 (1) **comes**　(2) **studies**

解説 主語が he や she，特定の人物など 3 人称で単数の場合，一般動詞の現在形には -s [-es] がつく。
(1)「ケンはバスで学校に来ます」
(2)「私の姉 [妹] は英語を一生懸命に勉強します」

6 (1) **doesn't play**　(2) **Does, have**

解説 一般動詞の否定文は〈do [does] not＋動詞の原形〉で，一般動詞の疑問文は〈Do [Does]＋主語＋動詞の原形〜?〉で表す。
(1)「ボブは日曜日にテニスをします」→「ボブは日曜日にテニスをしません」
(2)「ビルには 2 人の姉妹がいます」→「ビルには 2 人の姉妹がいますか」
have を使った文を日本語に訳すとき，兄弟姉妹については「〜を持っている」よりも「〜がいる」と訳したほうが日本語として自然。

7 (1) **I do**　(2) **she doesn't**

解説 〈Do [Does]＋主語＋動詞の原形〜?〉の疑問文の返答は Yes / No で始め，do [does] または don't [doesn't] を使うのが基本。主語は代名詞に置きかえる。
(1) A「あなたは音楽が好きですか，メアリー」B「はい，好きです」
(2) A「メアリーは毎日，料理をしますか」B「いいえ，しません」

p.8〜9 **標準問題の答え**

1 (1) ウ　(2) ア　(3) ア　(4) ウ　(5) イ

解説 (1)「私の兄 [弟] と私は毎朝学校へ歩いて行きます」
主語 My brother and I は複数。
(2)「ケンは野球クラブのメンバーです」
主語 Ken は 3 人称単数。空所のあとの a member は「メンバー，会員」という意味なので，Ken＝a member の関係になると考え，be 動詞 is を選ぶ。
(3)「(1 枚の) 美しい絵が壁にかかっています」
主語 A beautiful picture は 3 人称単数。空所のあとは場所を表す表現になっている。「〜にいる [ある]」という意味の be 動詞 is を選ぶ。has では場所の表現とつながらない。
(4)「私たちは週末は学校がありません」
主語 We は 1 人称複数。We＝school という関係は

成り立たないので be 動詞は使えない。

(5)「この歌手は若い人たちの間で人気がありますか」
主語 this singer は 3 人称単数。そのあとの popular は「人気がある」という意味の形容詞で，this singer ＝ popular の関係になると考え，be 動詞 Is を選ぶ。

2 (1) **Is Tom's house new?**
(2) **My house is not[isn't] near the park.**
(3) **Does he have a lot of books?**
(4) **I do not[don't] have lunch with Mary every day.**

解説 一般動詞を使った文を否定文や疑問文にする場合，動詞が原形になることに注意。
(1)「トムの家は新しいです」→「トムの家は新しいですか」
(2)「私の家はその公園の近くです」→「私の家はその公園の近くではありません」
(3)「彼はたくさんの本を持っています」→「彼はたくさんの本を持っていますか」
(4)「私は毎日，メアリーと昼食を食べます」→「私は毎日はメアリーと昼食を食べません」

3 (1) 数冊のノートがテーブルの上にあります。
(2) これらの少年は私の名前を知りません。
(3) これらの絵[写真]はあなたのものですか。
(4) 冬は毎年たくさんの雪が降ります。

解説 (1)〈be 動詞＋場所を表す語句〉なので「～にある」と訳す。
(2) these は「これらの」という意味。
(3) yours は「あなたのもの」という意味。「私のもの」は mine。
(4) **We have のあとに snow や rain など天候を表す単語が続く場合は，「私たちは雪[雨]を持っている」ではなく，「雪[雨]が降る」と訳す。入試でもよく出題される重要表現。**

4 (1) **Ms. Green is a math teacher.**
(2) **My friend makes cakes**
(3) **This house has many rooms.**
(4) **My father washes his car**

解説 (1)「グリーンさん」＝「数学の先生」という関係だと考えて，Ms. Green と a math teacher を be 動詞 is で結ぶ。

(2) 主語になるのは名詞。ここでは cakes か friend のどちらかだが，動詞が makes と -s がついた形なので，3 人称単数の friend を選ぶ。「私の友人」なので My friend とする。
(3) 主語になるのは house か rooms のどちらかだが，動詞が has なので，3 人称単数の house を選ぶ。「この家」なので This house とする。「たくさんの部屋」は many rooms。
(4) wash は「～を洗う」という意味。「私の父が自分の車を洗う」ということなので，主語は My father，wash の目的語は his car にする。

5 (1) **aren't** (2) **has**
(3) **don't know** (4) **it doesn't**

解説 (1) These flowers ＝ tulips という関係が成り立つが，ここでは「ありません」から否定文にする。主語は複数，空所は 1 つしかないので短縮形 aren't を入れる。
(2) My town ＝ two libraries という関係は成立しないので be 動詞は使えない。日本文の「あります」に着目し，have[has] を用いる。〈場所を表す名詞＋have[has] ～〉で「(その場所)には～がある」という意味になる。
(3)「知りません」なので，一般動詞 know を使った否定文をつくる。主語が I なので，don't know とする。
(4)〈～月＋has＋... days〉で「～月には…日ある」という意味。9 月は 30 日までなので，答えは No, it doesn't. となる。**A year has twelve months.** という表現も覚えておこう。

6 (1) **goes** (2) **is**

解説 (1)「私の姉[妹]は高校生です」「私の姉[妹]は高校に通っています」
to high school に着目し，「高校生である」の文を「高校に通っている」の文に書きかえると考える。
(2)「スズキ先生は英語を教えています」「スズキ先生は英語の先生です」
an English teacher に着目し，「英語を教えている」の文を「英語の先生です」の文に書きかえると考える。

2 現在・過去・未来

p.12〜13　基礎問題の答え

1 (1) ア　(2) ア　(3) イ　(4) ウ　(5) エ
　　(6) イ　(7) ウ　(8) ウ　(9) イ

解説 (1)「トムはそこに行きませんでした」
didn't のあとは動詞の原形。
(2)「彼女は公園に行くでしょう」
助動詞のあとは動詞の原形。
(3)「私はこの前の土曜日，彼に会いました」
last Saturday という過去の一時点を表す表現があ
るので過去形。
(4)「私たちは昨日，楽しい時間をすごしました」
yesterday という過去の一時点を表す表現がある
ので過去形。
(5)「私は明日，学校に行きません」
空所の前が be 動詞（否定形），あとは動詞の原形に
なっている点に注意。**be going to 〜** で「〜する
つもりである」。
(6)「彼女は毎日，彼女のお母さんの手伝いをします
か」「はい，します」
Yes, she does. という返答に合わせて現在形。
(7)「彼女は私を見て笑いました」
空所は and によって過去形の saw と並べられてい
るので過去形を選ぶ。
(8)「ジョンは彼の旧友の1人のことを考えました」
主語が3人称単数なので，think や don't think は
使えない。過去形を選ぶ。
(9)「あなたのお姉さん[妹さん]はアメリカで勉強
する予定ですか」「はい，そうです」
be going to 〜 を用いた疑問文。答えはその動詞を
用いて答えている。

2 (1) **read**　(2) **runs**　(3) **taught**
　　(4) **lay**　　(5) **be**

解説 時を表す表現から時制を考える。
(1)「私は昨年，その本を読みました」
(2)「彼女は毎朝，川沿いを走っています。彼女はそ
れを楽しんでいます」
(3)「彼は私が若いころ，私に英語を教えてくれまし
た」
(4)「暖かく，晴れた日だったので，彼は芝生の上に
横になりました」
lie は「横たわる」という意味。過去形は lay。
(5)「今日の午後，メアリーは図書館にいるでしょう」

3 (1) **am, will be**　(2) **was, will, be**
　　(3) **is, will rain**

解説 (1)「私は教師です」は現在時制，「私の妹も教
師になるでしょう」は未来時制。
(2)「彼の父親は有名な科学者だった」は過去時制，
「彼はそのようにはならないでしょう」は未来時制。
(3)「今は晴れています」は現在時制，「すぐに雨が
降るでしょう」は未来時制。

4 (1) **I went to the zoo with my friends.**
　　(2) **I did not do my homework**
　　(3) **time did you go to bed last night**

解説 (1) A「この前の金曜日に何をしましたか」
B「友人と動物園に行きました」
主語は I，動詞は go。A は last Friday という過去
のことをたずねているので go は went にする。
(2) A「どうしてあなたのお母さんは昨日怒っていた
のですか」B「私が宿題をしなかったからです」
主語は I，動詞は do not do。A は yesterday とい
う過去のことをたずねているので do not は did
not にする。
(3) A「あなたは昨夜何時に就寝しましたか」
B「覚えていませんが…9時前ではありません」
B が but not before nine と答えていること，また
カッコの前に What があることから時刻をたずね
る疑問文をつくる。What time do you go となる
が，last night という過去の表現あるので，do は
did にする。

p.14〜15　標準問題の答え

1 (1) ウ　(2) イ　(3) エ　(4) ウ
　　(5) イ　(6) ウ　(7) イ　(8) ア

解説 時を表す表現と主語の数に注意する。
(1)「クミは今度の日曜日に自分の車を洗うつもりです」
(2)「彼女は昨夜彼に長いラブレターを書きました」
(3)「そのときあなたは病気だったのですか」
at that time「そのとき」は過去の一時点を指す表現。
(4)「彼は昨年，有名な科学者になりました」
(5)「このクラスのだれもがテストのために一生懸命
に勉強しようとします」
everyone は3人称単数。
(6)「今夜彼が帰宅するまで私は彼を待つつもりです」
until や **when** など時を表す接続詞のあとでは，未
来の内容でも現在形を使う。wait for 〜「〜を待つ」

(7)「それぞれの季節に独自の美しさがあります」each は単数扱い。beauty「美しさ」

(8)「もし彼が電話をしてきて今夜デートに出かけようと私に頼んだら、私は彼と出かけます！」if は「もし～ならば」という意味の接続詞で、未来の内容も現在形で表す。つまり文の後半は未来時制になる。

2 (1) **knew** (2) **ate[had]**
  (3) **did, make** (4) **Does, like**
  (5) **are going**

解説 (1)「知っていました」から過去形。
(2)「食べました」から過去形。
(3)「つくったのですか」から過去形。
(4)「好きですか」から現在形。
(5)「～するつもりです」は be going to ～ で表す。

3 (1) **I went swimming in the river with**
  (2) **He often catches cold in winter.**
  (3) **She is going to make**
  (4) **Will it be sunny next Sunday?**

解説 (1) 主語は I，動詞は went しかない。「泳ぎに行く」は go swimming，「川で泳ぐ」は swim in the river で表すことから，I went swimming in the river とする。with はカッコのあとの them につなげるように置けば完成。
(2) 主語は he，動詞は catches しかない。catch (a) cold で「かぜをひく」という意味。頻度を表す副詞である often は一般動詞の前に置く。文末に in winter を置けば完成。
(3)「～する予定です」は **be going to ～** で表す。
(4) 天候を表す文の主語は **it** なので，Will it ～? の形で表す。

4 (1) **He usually does his homework before dinner.**
  (2) **My sister does not[doesn't] have a piano.**
  (3) **Mike went to Tokyo last month.**
  (4) **Will you be free tomorrow?**

解説 (1) 与えられている単語と日本文から「彼は／たいてい／～をします／宿題／夕食前に」の順で英文をつくる。「たいてい」を表す usually は一般動詞の前に置くことに注意。「夕食前に」は before dinner だが，before he eats [has] dinner としてもよい。
(2) 主語は 3 人称単数の my sister なので，その否定文は〈主語＋does not＋動詞の原形～〉で表す。
(3) 与えられている単語と日本文から「マイクは／行きました／東京へ／先月」の順で英文をつくる。「行きました」なので go は went にかえる。
(4) 与えられている単語と日本文に「明日」とあるので未来を表す will を用いた疑問文で表す。

5 (1) **My teacher said today that the earth moves around the sun.**
  (2) **We don't know when he will come here.**

解説 (1)「私の先生は今日，地球は太陽の周りを回っているといいました」
「地球が太陽の周りを回る」というのは，過去も現在も変わらない事実。このような内容は必ず現在形で表す。
(2)「私たちは彼がいつここに来るのか知りません」
when 以下が know の目的語になることに注意。この when は，副詞として働くときの接続詞 when の場合とちがい，未来の内容は未来で表す。
「副詞として時を表す接続詞 when」と，「動詞の目的語になる when」を見分ける 1 つの方法は，when 以下を文頭に置いたとき，意味が通る文になるかどうかを考えること。When he comes here, we don't know. では意味が通らないが，I will tell you when he arrives here. という文は When he arrives here, I will tell you. という文にしても「彼がここに到着したら，あなたに知らせますよ」という意味はかわらない。

5

3 進行形・助動詞

p.18〜19 基礎問題の答え

1 (1) **cooking** (2) **taking** (3) **using**
(4) **running** (5) **watching**

解説 be動詞のあとに一般動詞がくる場合，-ing形か過去分詞になる。〈be動詞＋-ing〉は「進行形」と呼ばれ，「〜している」という進行中の動作を表すのに使う。〈be動詞＋過去分詞〉は「受け身の文」と呼ばれるもので，本冊p.30で学習する。
(1)「彼は台所で朝食をつくっています」
(2)「私の兄[弟]は今，お風呂に入っています」
eで終わる動詞の-ing形は，eをとってingをつける。
(3)「私の姉[妹]は今，自分の部屋でコンピューターを使っています」
(4)「ボブとケンはそのとき公園でいっしょに走っていました」
runの-ing形はnを重ねてingをつける。
(5)「あなたはそのときテレビを見ていたのですか」

2 (1) **Jim and Takeshi are painting the wall now.**
(2) **An old man was sitting on the bench then.**
(3) **Tom is swimming in the pool now.**
(4) **Bob was running in the park at that time.**

解説 (1)「ジムとタケシは壁にペンキをぬります」→「ジムとタケシは今，壁にペンキをぬっています」
主語Jim and Takeshiは複数，時制は現在なのでbe動詞はareにする。paintはpaintingにする。
(2)「ある年配の男性がベンチにすわりました」→「ある年配の男性がそのときベンチにすわっていました」
主語An old manは3人称単数，時制は過去なのでbe動詞はwasにする。satはsittingにする。
(3)「トムはプールで泳ぎます」→「トムは今，プールで泳いでいます」
主語Tomは3人称単数，時制は現在なのでbe動詞はisにする。swimはswimmingとする。
(4)「ボブは公園で走りました」→「ボブはそのとき，公園で走っていました」

主語Bobは3人称単数，時制は過去なのでbe動詞はwasにする。runはrunningとする。

3 (1) **He was not[wasn't] reading the newspaper at that time.**
(2) **Mary is not[isn't] writing a letter to her aunt now.**
(3) **Is she studying English now?**
(4) **What is he cooking in the kitchen now?**

解説 (1)「彼はそのとき新聞を読んでいました」→「彼はそのとき新聞を読んでいませんでした」
進行形の否定文はbe動詞のあとにnotを置く。
(2)「メアリーは彼女のおばに手紙を書きません」→「メアリーは今，彼女のおばに手紙を書いていません」
現在進行形にかえるので，doesn'tはis not[isn't]，writeはwritingにする。
(3)「彼女は英語を勉強しますか」→「彼女は今英語を勉強していますか」
現在進行形にかえるので，DoesはIs，studyはstudyingにする。
(4)「彼は台所で何をつくりますか」→「彼は台所で今，何をつくっていますか」
現在進行形にかえるので，doesはis，cookはcookingにする。

4 (1) **can** (2) **may** (3) **Shall**
(4) **must** (5) **mustn't**

解説 (1)「できます」なので，能力を表すcanを選ぶ。
(2)「かもしれません」なので，推量を表すmayを選ぶ。
(3)「しましょうか」なので，相手の意志を問うShallを選ぶ。
(4)「ちがいありません」なので，強い推量を表すmustを選ぶ。
(5)「いけません」なので，禁止を表すmustn'tを選ぶ。

5 (1) **Can he** (2) **Shall we**
(3) **Can[May] I**

解説 (1)「彼はフランス語を話せますか」「いいえ，話せません」
No, he can't.と答えているので，Can he 〜?の疑問文だと考えられる。

6

(2)「この箱を開けましょうか」「はい，そうしましょう」

答えに「はい，そうしましょう」とあるので提案を表す Shall we ～? にする。

(3)「この絵にさわってもいいですか」「いいえ，だめです」

No, you must not. を見て Must I ～? の疑問文にしてしまうと「私はこの絵にさわらなければならないのですか」という意味になってしまう。**must not は「～してはいけない」という禁止を表す表現**なので，その疑問文は許可を求める文になる。Can[May] I ～? にする。

p.20～21 標準問題の答え

1 (1) イ (2) イ (3) ア
(4) イ (5) ア (6) ア

解説 (1)「メアリーは彼女の犬と散歩をしなければなりません」

空所のあとに to があるので has to ～ の形。

(2)「これをコピーしましょうか」「いいえ，けっこうです」

相手の意志を問う Shall I ～? の文。

(3)「(店で) 何かおさがしですか」「いいえ。見ているだけです」

May I help you? は店員が客に対して「何かおさがしですか」「ご用件をうけたまわりましょうか」などの意味で使う決まり文句。店員の助けが必要ないなら No, thank you. と答える。

(4)「マイクは日本語を話せないので，私たちは彼と英語で話さなければなりません」

マイクは日本語を話せないのだから，彼との会話は英語でしなければならないと考えられる。

(5)「その難しい質問に答えることができたので，彼はかしこいにちがいありません」

難しい問題に答えることができたのだから，かしこいと考えられる。

(6)「あなたはそんなにたくさん食べたのだから，空腹なはずがありません」

たくさん食べたのだから，おなかはすいていないと考えられる。

2 (1) must not (2) must
(3) Will [Can] you (4) Shall we
(5) I was staying (6) is able to

解説 (1)「そんな大きな声で話してはいけません」

Don't ～「～するな」は禁止の must not で書きかえられる。

(2)「すぐに宿題をしなさい」「あなたはすぐに宿題をしなければなりません」

命令文「～しなさい」は must や have to で書きかえられる。

(3)「どうか今日の午後，私の家に来てください」「今日の午後，私の家に来てくれませんか」

「どうか～してください」を「～してくれませんか」と考えて，Will you ～? の文にする。**Will の代わりに Would, Can, Could を用いてもよい。**

(4)「来週末にキャンプに行きませんか」

Let's ～. という「提案」を疑問文で書きかえる。Shall we ～? は Let's ～. とほぼ同意の「提案」を表す言い方。

(5)「東京に滞在中に，私は浅草を訪れました」

during「～の間」のあとには名詞，while「～の間」のあとには〈主語＋動詞〉がくることを覚えておこう。〈while＋主語＋動詞〉の動詞は，進行形になることが多い。

(6)「ケンジは泳ぎが上手です。彼は海で500メートル泳ぐことができます」

can「～できる」は be able to ～ で書きかえることができる。

3 (1) doesn't have (2) Why is he

解説 (1) don't[doesn't] have to ～ で「～する必要はない」という意味。

(2)「なぜですか」なので Why ～? の文にする。「勉強している」とあるので進行形を用いて Why is he ～? とする。

4 (1) May I have a ride to the station?
(2) My mother must get up at six every morning.
(3) Will you have another cup of coffee?
(4) May I go shopping with her next Sunday?
(5) Shall I take a picture for you?

解説 (1)「～してくれますか」という日本文に対し，語群には助動詞 may が与えられている。また，have や ride という単語があることから，「駅まで乗せていってくれますか」は「駅まで乗っていって

もいいですか」という許可を求める表現になると考
える。May I で文を始め，動詞は have，その目的
語は a ride とする。「駅まで」を to the station と
すれば完成。**have a ride** で「(乗り物に) 乗る」
という意味。「(人) を (乗り物に) 乗せてあげる」は
〈**give ＋人＋a ride**〉。

(2) 語群の単語が 1 語ずつに分かれているので，日
本文を参考に語句をまとめていく。「私の母」は my
mother，「毎朝」は every morning，「6 時に」は
at six，「起きる」は get up とすることができる。
「～しなければなりません」は have[has] to か
must だが，have[has] が語群にないので must を
使うとわかる。以上を〈主語＋動詞＋修飾語〉の順
に並べる。to が不要。

(3)「～はいかがですか」は「勧誘」を表す〈**Will
you ～?**〉
文中の have はこの場合「飲む」の意味。「もう一杯
の～」は〈another cup of ～〉で表す。

(4)「～してもいいですか」から許可を求める表現
May I ～? を使う。「買い物に行く」は **go
shopping**。

(5)「しましょうか」とあるので〈**Shall I ～?**〉の文。
「写真をとる」は take a picture で表す。

5 (1) **Tom was lying on the bed.**
  (2) **You must be quiet[silent] in this
    concert hall.**

解説 (1)「トムはベッドに横になりました」→「トム
はベッドに横になっていました」
lay は lie「横になる」の過去形。**-ing 形**は **lying**
になる。

(2)「このコンサートホールではうるさくしてはいけ
ません」→「このコンサートホールでは静かにして
いなければなりません」
指示文に注意。「must を用いた否定文」なら must
not be noisy とすればよいが，「肯定文に」とある
ので not は使えない。そこで noisy の反意語
quiet[silent] を使う。

---

4 現在完了

p.24～25 基礎問題の答え

1 (1) **been**，ずっとここにいます
  (2) **finished**，終えたところです
  (3) **eaten**，食べたことがありますか

解説 (1)「継続」を表す現在完了。**have been here
since ～** で「～からずっとここにいる」の意味。

(2)「完了」を表す現在完了。just は「ちょうど，た
った今」の意味。

(3)「経験」を表す現在完了。**ever** は「今までに，か
つて」の意味。Have you ever ～?「～したことが
ありますか」

2 (1) エ (2) エ (3) ウ
解説 現在完了の疑問文は〈**Have[Has]＋主語＋過
去分詞～?**〉の形。答えるときも **have[has]** を用
いる。

(1) A「彼は仙台に出発しましたか」B「いいえ，ま
だです。でも，もうじき出発できるでしょう」
動詞が started と過去分詞なので，現在完了の疑
問文とわかる。主語は he だから Has he started
～? となる。

(2) A「彼女はこれまでにその有名な絵を見たことが
ありますか」B「いいえ，ありません」

(3) A「ジェーンを知ってどれくらいですか」B「彼
女のことは先月から知っています」
カッコのあとが last month という過去の一時点を
表す語句なので，since「～以来」を選ぶ。

3 (1) **have never seen such a beautiful
    picture**
  (2) **He has gone to Fukuoka.**
  (3) **have been waiting for the bus**

解説 (1)「私は～したことがない」なので，現在完了
の否定文。ここでは not の代わりに never を使っ
て〈I have never＋過去分詞～〉の形にする。such
は〈such a[an]（＋形容詞）＋名詞〉の語順で「そ
のような（…な）～」の意味。

(2)「～へ行ってしまった」という「結果」を表すに
は have[has] gone to ～ を用いる。have[has]
been to ～ は「行ったことがある」という「経験」
を表す。been が不要。

8

(3)「待ち続けています」とあるので現在完了進行形〈have + been + -ing〉で表す。「～を待つ」は wait for ～。are と waited が不要。

4 (1) ウ (2) ア (3) エ (4) イ

解説 (1)「私は先週からずっと忙（いそが）しいです」ウ「私のおじは東京に10年間住んでいます」
どちらも「継続」を表す現在完了の文。「ずっと～している」の意味になる。
(2)「私の父はその男性と3回話したことがあります」ア「私はそんなに親切な女性は見たことがありません」
どちらも「経験」を表す現在完了。「～したことがある」という意味で用いられる。have never seen は「見たことがない」の意味。
(3)「ピーターは新しいCDを買ったばかりです」エ「もう手紙を書きましたか」
どちらも「完了」を表す現在完了。
(4)「彼女は人気歌手になりました」イ「彼女は名古屋に行ってしまいました」
どちらも「結果」を表す現在完了。「～してしまった」の意味を表す。

5 (1) ウ (2) イ (3) イ

解説 (1)「行ったことがある」という「経験」を表すには，have [has] been to ～ を用いる。
(2) 経験した回数をたずねる疑問文。「何回～したことがあるか」は How many times ～? を使う。How long ～? は期間をたずねるときに用いる。
(3)「…の間（ずっと）～だ」なので「継続」を表す現在完了の文。「～の間」と期間を表すには for を用いる。

6 (1) 富士山に登ったことがあります
(2) 一度も食べたことがありません
(3) 歯が痛いです

解説 (1)「経験」を表す現在完了の文。
(2)「経験」を表す現在完了の否定文。
(3)「継続」を表す現在完了の文。

p.26～29 標準問題の答え

1 (1) エ (2) ウ (3) ア

解説 (1)「私はこの前の冬以来ケイトに会っていません」
空所のあとに last winter「この前の冬」と特定の時期を表す語句がきているので，since「～から」を選ぶ。
(2)「彼女はこの前の木曜日にプールに行きました」last Thursday「この前の木曜日に」という過去の一時点を示す語句があるので，過去形を用いる。
(3)「私の祖父が死んで4年になります」
「継続」を表す現在完了の文。空所のあとに four years「4年」という期間を表す語句がきているので，for「～の間」を選ぶ。

2 (1) you ever been to Hakone
(2) I have already written a letter to him.
(3) never ridden a bike

解説 (1)「あなたは今までに箱根に行ったことがありますか」
Have で始まっているので現在完了の疑問文と考えられる。ever は主語と過去分詞の間に置く。
(2)「私はもう彼への手紙を書きました」
already と yet に着目する。どちらも「もう」という意味を表すが，already は肯定文，yet は疑問文または否定文で用いる。ここでは肯定文なので already を使い，「完了」を表す現在完了の文にする。yet が不要。
(3) A「新しい自転車を買ったんだ。来月，自転車で江の島に行こう」B「いいよ。ぼくは江の島まで自転車に乗って行ったことがないんだ」
A の発言から話題は自転車に関係したことだとわかる。ride a bike「自転車に乗る」を使った現在完了の否定文にする。ride の過去分詞は ridden。walk と from が不要。

3 (1) not, yet (2) been tired
(3) have, arrived

解説 (1)「まだ～していない」という「完了」の現在完了の否定文は〈主語 + have [has] not + 過去分詞 + yet〉で表す。
(2)「疲れがとれない」は「ずっと疲れている」と考え「継続」を表す現在完了の文にする。「疲れている」は be tired。
(3)「ちょうど～したところだ」という「完了」を表す現在完了。「～に到着する」は arrive at ～。

(1) **How often have you visited the stadium?**

(2) **We have known each other for ten years.**

(3) **I have just written a letter to my mother.**

(4) **How many times have you seen the movie with Tom?**

(5) **We have never heard such a funny story.**

(6) **Seven years have already passed since that day.**

(7) **I have been to the park to see her.**

(8) **Have you told him the story yet?**

(9) **My mother hasn't washed the dishes yet.**

(10) **I have been using the computer for three hours.**

解説 (1)「何度～したことがあるか」とたずねるときは，〈**How often have you** ＋過去分詞～?〉または〈**How many times have you** ＋過去分詞～?〉の形にする。

(2)「ずっと～している」という「継続(けいぞく)」を表す現在完了を使う。「10年来の知り合い」は「10年間ずっと知っている」と考えればよい。

(3)「～したところだ」は「完了」を表す現在完了。「ちょうど～したところだ」は〈**have[has] just** ＋過去分詞〉の語順にする。

(4)「何回～したことがあるか」という「経験」の回数を問う現在完了の文。〈**How many times have[has]** ＋主語＋過去分詞～?〉の語順にする。

(5)「これまでに～したことがない」は「経験」を表す現在完了の否定文。「一度もない」の意味の never があるので，〈主語＋**have[has] never** ＋過去分詞～〉の形にすればよい。「そんなおもしろい話」は such a funny story とする。

(6)「結果」を表す現在完了の文。主語は「7年」。「7年が過ぎた／あの日以来」と考える。「もう，すでに」の意味の already は have[has] のあとに置く。「(時が)過ぎる」の意味の pass の過去分詞 passed を補う。

(7)「～へ行ってきたところだ」は「完了」を表す **have[has] been to ～** を使う。「彼女に会いに」

は不定詞を用いて to see her とする。been を補う。

(8)「もう～したか」と問う現在完了の文。yet は文の最後に置く。

(9)「まだ～していない」は現在完了の否定文を使う。「まだ」を表す yet は文末に置く。already が不要。

(10) 過去から現在へ継続して行われている動作は現在完了進行形〈**have＋been＋～ing**〉で表す。I'm using the computer now. の意味も含まれている。used が不要。

(1) **been, since**　(2) **have never**
(3) **never been**　(4) **heard**
(5) **been to**　(6) **have been**　(7) **gone**
(8) **has been playing**
(9) **have passed since**

解説 (1)「私のおじはこの前の5月にインドに行き，まだそこにいます」「私のおじはこの前の5月からインドにいます」

おじはこの前の5月からずっとインドにいることになるので，「継続」の現在完了にする。

(2)「私たちは海外旅行の経験がありません」「私たちは一度も外国を訪れたことがありません」

experience(経験)がないということなので，「経験」の現在完了で書きかえればよい。

(3)「これはジャックの初めての北海道旅行です」「ジャックは以前北海道に行ったことがありません」

「初めての旅行」ということは，「以前に旅行したことがない」ということ。have[has] never been to ～ で表す。

(4)「アンは長い間私に手紙をくれません」「アンから長い間，便りがありません」

空所のあとの from に着目し，hear from ～「～から便りがある」を使って「手紙を書いてくれない」と同じ内容を表す。

(5)「私は東京に行き，ちょうど今帰ってきたところです」「私はちょうど東京に行ってきたところです」

just came back now「ちょうど今帰ってきたところ」を「完了」の現在完了で表す。

(6)「私は10年前に彼と友だちになりました。私たちは今でもいい友だちです」「私たちは10年来の友だちです」

「10年間ずっと友だちだ」と考える。

(7)「母は買い物に行って，今はいません」「母は買い物に行ってしまいました」

「～に行ってしまった（今はいない）」は have [has] gone ～ で表す。

(8)「ユキは1時間前にピアノを弾きはじめ，今もまだ弾いています」

1時間前に始めた動作が現在も進行中なので「(ずっと) 弾き続けている」を表す現在完了進行形〈have [has]＋been＋-ing〉の形で表すとほぼ同意となる。

(9)「スミスさんは京都に10年間住んでいます」「スミスさんが京都に住みはじめてから10年がたちました」

主語が Ten years の文でほぼ同じ内容を表すには，「10年住んでいる」を「住みはじめてから10年が経過した」と考え，pass「(時が) たつ」を使った現在完了の文にする。

6 (1) (a) イ　(b) エ　(2) ウ　(3) イ

解説 (1) A「山本さんを知っていますか」B「はい，彼のことは10年前から知っています」

(a)のあとは過去分詞なので，現在完了にする。(b)のあとは期間を表す語句がきているので for を用いる。

(2) A「私はカリフォルニア出身です。あなたはそこに行ったことがありますか」B「いいえ，まだです。来年行きたいと思っています」

Not yet. で「まだしていない」という意味。「完了」の現在完了の疑問文に答えるときに使う。

(3) A「先週，夏目漱石によって書かれた『吾輩は猫である』を読みました」B「私は読んだことがありません。その本を貸してくれますか」

「本を貸してくれるか」とたずねているので，その前では「読んだことがない」といっていると考えるのが自然。「経験」の現在完了の否定文が入る。

7 (1) **How long has she been in France?**
(2) **They have never been to Aomori. [They have not been to Aomori before.]**
(3) **She went to Hawaii three years ago.**
(4) **When did you finish your homework? — I finished it yesterday.**

解説 (1)「彼女は2週間フランスにいます」→「彼女はどのくらいフランスにいるのですか」

期間をたずねるには How long で始め，現在完了の疑問文を続ける。

(2)「彼らは前に青森に行ったことがあります」→「彼らは一度も [以前に] 青森に行ったことがありません」

「以前に行ったことがある」の否定は「以前に行ったことがない」または「一度も行ったことがない」とすればよい。

(3)「彼女は3年前にハワイに行きました」

three years ago「3年前」という過去の特定の時点を表す語句があるので，動詞は過去形。

(4)「あなたはいつ宿題を終えましたか」「昨日やり終えました」

疑問詞 when の文では現在完了を使えない。答えの文では，過去の一時点を示す yesterday という語があるので，過去形を使う。

8 (1) **My brother has just finished washing his car.**
(2) **Tom and I have been friends for twenty years.**
(3) **My sister has been busy since last week.**
(4) **I have never seen such a beautiful mountain.**
(5) **How many times [How often] have you been abroad [to a foreign country]?**
(6) **They have been running around their school since four (o'clock).**

解説 (1)「ちょうど～したところだ」なので，「完了」の現在完了を用いる。〈主語＋have [has] just＋過去分詞～〉の形にする。

(2)「20年来の友だち」は「20年間ずっと友だちだ」と考え，「継続」の現在完了にする。

(3)「先週からずっと忙しい」のだから，「継続」の意味の現在完了。「～から」は since で表す。

(4)「見たことがない」は「経験」の現在完了の否定文で表す。「こんなに美しい山」は such a ～「そのような～」を使って such a beautiful mountain とすればよい。

(5)「何度～したことがあるか」は回数をたずねる「経験」の現在完了の疑問文で表す。How many times または How often で文を始める。

(6)「走り続けている」は過去から現在まで継続している動作なので現在完了進行形〈have[has]＋been＋-ing〉の形で表す。「～の周り」は around。

5 受け身

p.32〜33 基礎問題の答え

1 (1) **is** (2) **him** (3) **taken**

解説 (1)「朝食は毎朝父によってつくられます」
受け身の文の be 動詞は主語に合わせる。breakfast は 3 人称単数なので，is を用いる。
(2)「その辞書は彼によってそこに置かれました」
「～によって」の意味の前置詞 by のあとが代名詞の場合は，目的格を用いる。
(3)「これらの写真は私の父によってとられました」
受け身は〈be 動詞＋過去分詞〉で表す。動詞 take の過去分詞は taken。

2 (1) **is loved** (2) **was written**
(3) **wasn't used** (4) **Was, caught**
(5) **was, opened**

解説 (1)「私は私の犬を愛しています」「私の犬は私に愛されています」
主語の My dog は 3 人称単数なので，be 動詞は is を用いる。
(2)「タケシは英語でその手紙を書きました」「その手紙はタケシによって英語で書かれました」
主語の The letter は 3 人称単数。過去の文なので be 動詞は was を用いる。wrote は write「～を書く」の過去形。過去分詞は written。
(3)「トムはその携帯電話を使いませんでした」「その携帯電話はトムに使われませんでした」
受け身の否定文は be 動詞のあとに not を置く。空所は 2 つしかないので，was not の短縮形 wasn't を使う。
(4)「彼は大きな魚を捕まえましたか」「大きな魚は彼に捕まえられましたか」
受け身の疑問文は be 動詞から始める。主語の a big fish は 3 人称単数なので，be 動詞 is の過去形 was を用いる。catch の過去分詞は caught。

(5)「その警備員はいつ門を開けましたか」「その門はいつ警備員によって開けられましたか」
書きかえた文の主語は the gate なので，疑問詞のある受け身の疑問文にする。過去の文なので be 動詞は was にする。

3 (1) **was, built** (2) **known to**
(3) **discovered** (4) **sent**

解説 (1)「彼らはいつ城を建てましたか」「城はいつ建てられましたか」
疑問詞のある受け身の疑問文は，〈疑問詞＋be 動詞＋主語＋過去分詞～?〉になる。過去の文で主語の the castle は 3 人称単数なので，be 動詞は was。build の過去分詞は built。
(2)「私たちは全員彼の誕生日を知っています」「彼の誕生日は私たち全員に知られています」
know の場合，その行為をする人は by ～ ではなく to ～ で表す。be known to ～「～に知られている」
(3)「その島は彼によって発見されました」「彼はその島を発見しました」
島の発見者「彼」を主語にした能動態の文に書きかえる。
(4)「新しいかばんが父から私に送られました」「父が新しいかばんを私に送ってくれました」
送った側である「父」を主語にした能動態の文に書きかえる。過去の文なので動詞は過去形 sent。

4 (1) **When was the picture painted by Picasso?**
(2) **Who was your brother taught science by? [Who taught science to your brother?]**
(3) **He planted these trees.**

解説 (1)「その絵は1937年にピカソによってかかれました」→「その絵はいつピカソによってかかれましたか」
時を問う疑問文は When で始める。be 動詞を主語の前に出し，〈疑問詞＋be 動詞＋主語＋過去分詞～?〉の語順にして，by Picasso は最後に持ってくればよい。
(2)「あなたのお兄さん[弟さん]はフクダ先生に科学を教わりました」→「あなたのお兄さん[弟さん]はだれに科学を教えてもらいましたか[だれがあなたのお兄さん[弟さん]に科学を教えましたか]」

12

人を問うには，「だれが」の意味の Who で文を始める。能動態の文では Who taught your brother science? としてもよい。

(3)「これらの木々は彼によって植えられました」→「彼がこれらの木々を植えました」
He「彼」を主語にする。

5 (1) **in**　(2) **with**　(3) **with**　(4) **at[by]**

解説　受け身にしたとき by 以外の前置詞が入る動詞がいくつかある。前置詞と組み合わせて覚えておこう。
(1)「あなたはチェスに興味がありますか」
be interested in ～ で「～に興味がある」の意味。
(2)「トムはその結果を喜びました」
感情を表す動詞の受け身を用いる。**be pleased with** ～ で「～に[を]喜ぶ」の意味。
(3)「富士山の頂上は雪で覆われていました」
be covered with ～ で「～に覆われる」の意味になる。with 以下に「覆うもの」がくる。
(4)「私たちはその知らせに驚きました」
surprise は「～を驚かせる」という意味の動詞。受け身形にすると「驚いて」という人の感情を表す表現になる。**be surprised at** ～ で「～に驚く」。

6 (1) **was given (to) me by my uncle /**
　　was given this bike by my uncle
(2) **was told (to) him by her / was**
　　told an interesting story by her

解説　目的語が2つある文からは，「もの」を主語にした受け身の文と「人」を主語にした受け身の文ができる。
(1)「おじは私にこの自転車をくれました」→「この自転車はおじによって私に与えられました」「私はおじからこの自転車をもらいました」
「もの」を主語にした受け身の文では，与えられた人の前に前置詞to を用い，given to me の形にする。
(2)「彼女は彼におもしろい話をしました」→「おもしろい話が彼女によって彼にされました」「彼は彼女からおもしろい話を聞かされました」
「もの」である An interesting story を主語にした受け身の文は〈be 動詞＋過去分詞＋to＋人＋by ～〉の語順にする。

1 (1) **イ**　(2) **ウ**　(3) **ア**　(4) **エ**

解説　(1)「ぶどうはワインになります」
make A into B で「A を B にする」の意味。into のあとに「変化した結果」や「製品」がくる。問題文はこの受け身の文。
(2)「赤ちゃんはモモコと名づけられました」
name ～ ... で「～に…という名前をつける」の意味。問題文はこの受け身の文。
(3)「私たちのクラスはその知らせに驚きました」
(4)「これらの手紙は英語で書かれています」
主語が These letters なので，受け身の文にする。

2 (1) **taken by**　(2) **What, called**
　　(3) **What, spoken**

解説　(1) 日本文では「姉がとった」と能動態の文になっているが，英文は This picture「この写真」が主語になっている。したがって，「写真はとられた」という受け身の文にする。主語が単数で，過去の文なので be 動詞は was。take の過去分詞は taken。
(2)「何か」を問う疑問文なので What で始める。「何という花」は「何と呼ばれている花」と考えればよい。「～と呼ばれる」は be called を用いる。
(3)「何語か」を問う疑問文なので What language で始める。「話されている」は be spoken を用いる。

3 (1) **winter the ground is covered**
　　with snow
(2) **known to the people in**
(3) **This store is not opened on**
　　Wednesdays.
(4) **We were taught music by him**
　　last

解説　(1) 日本文は「～を覆います」となっているが，与えられている語句から **be covered with** ～「～で覆われる」の文だと考える。
(2) She が主語なので「よく知られている」と考えて **be well known to** ～ を用いる。well の位置は known の前であることに注意。
(3) This store を主語にして，「開いていません」という受け身の否定文をつくる。
(4) We「私たち」を主語にした受け身の文にする。

4 (1) **was stolen** (2) **be kept**
  (3) **was made**
  (4) **Was this story written**
  (5) **Nothing, known**
  (6) **were, built** (7) **found for**

解説 (1)「だれかが夜の間に彼女の自転車を盗みました」「彼女の自転車は夜の間に盗まれました」
stole は steal「〜を盗む」の過去形。過去分詞は stolen。過去のことなので be 動詞は was にする。
(2)「あなたは自分の部屋をきれいにしておかなければなりません」「あなたの部屋はきれいにされていなければなりません」
助動詞を用いた受け身の文は〈助動詞＋be＋過去分詞〉の順。keep の過去分詞は kept。
(3)「その知らせは彼をうれしい気持ちにしました」「その知らせで彼はうれしくなりました」
受け身にするには，be made の形にすればよい。be 動詞は主語が he の過去の文なので was。
(4)「彼がこの物語を書いたのですか」「この物語は彼によって書かれたのですか」
「物語」を主語にした受け身の文をつくる。this story は 3 人称単数。過去の文なので be 動詞は was にする。
(5)「人々はその国について何も知りません」「その国については何も知られていません」
「人々は何も知らない」ということは「何も知られていない」ということ。not anything の意味の nothing を主語にした受け身の文をつくる。
(6)「すべての橋を彼らはどうやってつくったのですか」「すべての橋はどうやってつくられたのですか」
all the bridges を主語にした，疑問詞を使った受け身の疑問文にする。主語が複数で過去の文なので，be 動詞は were。
(7)「おじが私にこのアパートを見つけてくれました」「このアパートは私のためにおじによって見つけられました」
find の用法に注意。〈find＋人＋もの〉または〈find＋もの＋for＋人〉で「（人）に（もの）を見つける」。ここでは空所の数から〈find＋もの＋for＋人〉の受け身の文に書きかえる。

5 (1) **Why was Peter invited to lunch by them?**
  (2) **They [We] call the president's wife the first lady.**

(3) **We are taught math by Mr. Adams.**

解説 (1)「彼らはなぜピーターをランチに招待したのですか」→「ピーターはなぜ彼らにランチに招待されたのですか」
受け身の文なので Peter を主語にする。be 動詞は was。
(2)「大統領の妻はファーストレディと呼ばれます」→「彼ら［私たち］は大統領の妻をファーストレディと呼びます」
具体的にその行為を行う人が述べられていない受け身の文を能動態に書きかえるときは，we（自分も含む）または they（自分を含まない）などを主語にする。
(3)「アダムズ先生は私たちに数学を教えています」→「私たちはアダムズ先生に数学を教わっています」
us は we の目的格。teach の過去分詞は taught。

※本冊 p.36〜37の不規則動詞の変化表の答えは p.52〜53にあります。

6 疑問文

p.40〜41 基礎問題の答え

1 (1) **イ** (2) **ア** (3) **ウ** (4) **エ**

解説 (1)「いつ〜？」と時をたずねるときは when を使う。
(2)「何時に〜？」と時刻をたずねるときは what time を使う。
(3)「どちらが〜？」とたずねるときは which を使う。
(4)「〜はだれのものですか」と所有者をたずねるときは whose を使う。

2 (1) **ウ** (2) **ウ** (3) **エ** (4) **ウ**

解説 (1) A「あなたは昨日の夕方，家にいましたか」B「はい。でもなぜですか」
A で昨日の夕方といっているので，過去形の be 動詞 were を使った疑問文。
(2) A「ボブとケンは毎日いっしょに学校に行っているのですか」B「はい。彼らはよい友だちです」
一般動詞 go があるので，一般動詞の疑問文。主語は Bob and Ken で複数形なので，do となる。

(3) A「あなたのお兄さん［弟さん］はサッカーがとても上手ですよね」B「はい，彼はバスケットボールも上手です」

付加疑問文。前の文が肯定文なので，否定の doesn't が入る。

(4) A「ホワイト先生は長くは日本に滞在（たいざい）できないですよね」B「いいえ，彼は来年私たちを教えてくれます」

付加疑問文。前の文が否定文なので，cannot に対応する肯定の語句 can が入る。

3 (1) イ (2) ウ (3) イ (4) エ (5) ウ (6) イ

解説 (1) A「あなたは雨の日はどうやって学校に来ますか」B「私はバスで学校に来ます」

how は手段をたずねる疑問詞なので，by bus「バスで」が正解。

(2) A「だれがあなたに英語を教えているのですか」B「ブラウン先生です。彼を知っていますか」

同じ動詞をくり返し使うことをさけるために，**do [does]** を用いることがある。ここでは Mr. Brown does. とすれば Mr. Brown teaches me English. と同じ意味になる。

(3) A「あなたのお母さんは教師ですか，それとも看護師ですか」B「彼女は看護師です」

or を使った「**A** ですか，あるいは **B** ですか」という意味の疑問文に **Yes / No** で答えることはできない。

(4) A「あなたのお兄さん［弟さん］は何歳（なんさい）ですか」B「彼は14歳です」

How old ～? は年齢をたずねる表現。

(5) A「今日は（今月の）何日ですか」B「4日です」

What day of the month is it today? は「今日は今月の何日ですか」と日付をたずねる表現。

What day of the week is it today?「今日は何曜日ですか」と合わせて覚えておくこと。

(6) A「この山の高さはどれくらいですか」B「約1,000メートルです」

How high ～? は高さをたずねる表現。身長をたずねるときは **How tall ～?** を用いる。～ meters deep は「深さ～メートル」という意味。

p.42～43 標準問題の答え

1 (1) ウ (2) ウ (3) イ (4) ア
(5) ア (6) ア (7) ウ (8) イ

解説 (1)「だれがこの手紙を書いたのですか」

選択肢の中で文の主語になることができる疑問詞は What か Who。wrote「～を書いた」という動詞の意味から Who を選ぶ。

(2)「あなたのお母さんが家に帰ってきたとき，あなたとトムは昼食を食べていたのですか」

動詞が eating になっているので進行形の文。主語は you and Tom で過去の文なので be 動詞は Were を選ぶ。

(3) A「あなたたちはアメリカ人の学生ですか」
B「いいえ，ちがいます」

you には単数と複数の両方の可能性がある。B は空所のあとで aren't を使っているので，ここでは I ではなく we を選ぶ。

(4) A「テーブルのそばにあるのは何ですか」
B「本です」

do や does では空所のあとの by the table「テーブルのそばに」とつながらない。「ある〔いる〕」の意味を持つ be 動詞を使う。

(5) A「あなたは冬休みをどのようにすごしましたか」B「私は京都にいる祖父母を訪ねました」

B が具体的な行動を答えている点に着目する。**How do you spend ～?** で「～をどのようにすごしますか〔費やしますか〕」という意味。

(6) A「このかばんをどう思いますか」B「そうですね，あなたには大きすぎますね」

B はかばんに関する自分の考えを述べている点に着目する。**What do you think of ～?** で「～についてどう思いますか」という意味。How を選ばないように注意。

(7) A「あなたはこの単語の意味がわからないよね」B「いや，わかるよ」

「～ではないですね」という否定の付加疑問文に対する Yes は「いいえ」。No は「はい」。ふつうの Yes / No の逆の意味になることに注意。

(8) A「彼はこのレストランにどれくらいの頻度で来ますか」B「週に2，3回は来ると思います」

B が twice or three times a week と回数を答えている点に着目する。

2 (1) **What's the weather**
(2) **didn't he**

解説 (1) 空所のあとの like に着目する。〈**What + be 動詞 + 主語 + like?**〉で様子や概観（がいかん），内容などをたずねて「～はどうですか」という意味になる。ここでは空所の数が3つしかないので What is は短縮形の What's にする。

15

(2)「～ですよね」と確認や同意を求める付加疑問文。前半が一般動詞の過去形の肯定文なので後半は〈didn't＋主語〉の形になる。

3 (1) **Could you tell me the way to the station?**

(2) **Who gave the bag to your sister?**

(3) **How many days do you think February has?**

(4) **What kind of sports are you interested in?**

解説 (1) **Could you ～?** で「～してくれませんか」という意味になり，ていねいな依頼（いらい）を表す。tell には〈**tell＋人＋もの**〉「（人）に（もの）を教える［伝える］」という用法があり，ここでは「人」に me，「もの」に the way to the station「駅へ行く道」を置く。

(2)「だれがあげたのですか」から疑問詞 Who を主語にした疑問文をつくる。動詞 give の用法は〈**give＋人＋もの**〉または〈**give＋もの＋to＋人**〉で「（人）に（もの）をあげる」。ここでは語群に to があるので〈**give＋もの＋to＋人**〉を使い，Who gave the bag to your sister と並べる。did が不要。

(3)「～だと思いますか」は **Do you think ～?** で，「何日ありますか」は **How many days ～?** で表すことができるが，Do you think ～? と疑問詞を用いた疑問文を同時に使うときは〈**疑問詞＋do you think＋ふつうの文の語順～?**〉となる。ここでは How many days で文を始め，do you think を続け「2月は（～日）ある」を表す February has を最後に置く。

(4) 種類をたずねるときは **What kind of ～?** を用いる。「～に興味がある」は be interested in ～。

4 (1) **エ** (2) **ウ** (3) **オ** (4) **カ** (5) **ア** (6) **イ**

解説 (1) A「もう少しいかがですか」B「いいえ，けっこうです」

want「～がほしい」のていねいな表現に **would like** があり，A の発言はその疑問文。「～はいかがですか」という意味。断りの表現である No, thank you. が正解。

(2) A「（電話で）ミドリさんをお願いします」B「すみませんが，彼女は今ここにいないのです」

May I speak to ～? は電話で用いる表現で「～をお願いします」という意味。

(3) A「私に同意しますか」B「はい，します」

Do you ～? の疑問文には Yes / No で答えるのが基本。agree with ～「～に賛同する」

(4) A「いくつの iPod を彼は買ったのですか」B「2つだと思います」

〈How many＋名詞～?〉は数をたずねる表現。

(5) A「明日のサッカーの試合には来られますか」B「いいえ。すみませんがすべきことがたくさんあるのです」

things to do で「すべきこと」という意味。「すべきことがたくさんある」が No の理由になる。

(6) A「私の考えについてどう思いますか」B「とても気に入っていますよ」

What do you think about ～? は意見や感想を求める表現。

7 否定文

p.46〜47 基礎問題の答え

1 (1) **イ** (2) **イ** (3) **エ** (4) **エ**

解説 (1) happy「幸せな」は形容詞なので「～ではなかった」は be 動詞のあとに not を続ける。

(2) 後ろに have「持つ」という動詞の原形が続くので，一般動詞現在の否定文〈**do[does] not＋原形**〉で表す。They は3人称の複数なので do を使う。

(3)「宿題をする」は do homework。do「する」が一般動詞なので，一般動詞過去の否定文〈**did not＋動詞の原形**〉で表す。文末の right? は「～でしょ？」と軽い調子で聞くいい方。

(4)「まだ～していない」は完了を表す現在完了の用法。文末の yet は完了を表す現在完了の用法でよく用いられる「まだ」の意味。

2 (1) **ウ** (2) **エ** (3) **イ** (4) **エ**

解説 (1) A「あなたは昨夜そのコンサートに行きましたか」B「いいえ。私はその歌手のファンではありません」

B はコンサートに行かなかった理由を説明している。

(2) A「あなたはあの新しいコンピューターを買いましたか」B「いいえ。それは高すぎました。私はそれを買えませんでした」

B は No のあとでそのコンピューターを購入（こうにゅう）できなかった理由を説明している。expensive「高価な」，

cannot「～できない」の過去形は **couldn't**。

(3) A「ぼくのぼうしどこにあるの，ママ」B「ほら，そこのテーブルの上よ。急いで。バスに間に合わないわよ」

これから出かける親子の会話。Be quick!「急いで」と急かす母親の発言から，バスに乗車するまであまり時間がないことがわかる。**won't** は「～しないだろう」という意味。

(4) A「ショウタ，ゲームしようよ」B「ごめん，できないんだ。まだ数学の宿題をやり終えていないんだ」

B の後半の発言中の finished と yet から「まだ～していない」を表す現在完了の完了用法を用いた表現であることがわかる。

---

3 (1) **He has no free time**
(2) **We can see nothing.**
(3) **No one helps me.**

解説 (1) A「きみのお父さんはとても忙しそうだね」B「はい彼は今週ひまな時間がまったくありません」
「まったくありません」は〈主語＋**have [has]＋no ～**〉で表す。no を用いた文に not を用いることはない。doesn't が不要。
(2) A「この部屋は暗いですね」
B「ええ。何も見えませんね」
nothing が文の主語や目的語になった文は not を用いない否定文である。can see nothing で「何も見えない」という意味になる。dark「暗い」。cannot が不要。
(3) A「ああ，いやだ！だれも私を手伝ってくれないよ」B「アキラ，それはひとりでやりなさい」
「だれも～しない」は no one を主語にした否定文となる。one は不特定の「人」を表す不定代名詞。doesn't が不要。

---

4 (1) **ア** (2) **ウ** (3) **ウ**

解説 (1)〈**not ～ every day**〉で「毎日～するわけではない」を表す。walk「～を散歩させる」，**never** は「決して～ない」と強い否定を表す。
(2)〈**not ～ always**〉で「いつも～とは限らない」を表す。
(3)〈**not ～ all**〉「すべて～だというわけではない」を表す。

---

1 (1) **ウ** (2) **ウ** (3) **イ** (4) **エ**
(5) **ウ** (6) **ウ** (7) **エ**

解説 (1) A「私は今日自分の辞書を持ってきませんでした」B「大丈夫。私のものを使ってください」
mine は my dictionary のこと。bring「持ってくる」が原形で続くのでイかウになるが，辞書を忘れたことを伝えたいので過去形の didn't が適当。現在完了なら bring ではなく過去分詞 brought で表す。
(2) A「なぜあの幼い女の子が泣いているのでしょう」B「おそらくお母さんが見つけられないのでしょう」
幼い女の子が泣いている理由を考える。maybe「おそらく」
(3) A「お母さん，テーブルの片づけをしなくてはいけませんか」B「いいえ。それはしなくてもよいです」
〈Must I ～?〉に No で答えるときは have to を否定した〈**don't have to ～**〉「～しなくてもよい」で答える。〈**must not ～**〉は「～してはいけない」と「禁止」を表す文となるので注意する。
(4) A「あなたのおばあさんはインターネットが使えますか」B「ええと，去年はできなかったのですが，今ではそれを楽しんでいます」
空所のあとに last year があるので cannot の過去形の couldn't が正解となる。
(5) A「ミカ，私の代わりに買い物に行ってくれませんか」B「ごめんね，お母さん。このレポートまだやってないの」
文末の yet から現在完了の完了用法の否定文が適当。動詞 do「～をする」は do - did - done と変化することを確認する。
(6) A「あなたは冬休みにどんな計画がありますか」B「私たちは沖縄か札幌に行く予定です。待ちきれません」
B はその旅行を待ちきれないほど楽しみにしていると考える。haven't は現在完了の否定文なのでその場合後ろの形は過去分詞 waited となる。
(7) A「ボブ，あなたのクラスメートはあなたを歓迎してくれましたか」B「いいえ。私は205番の教室に入っていきましたが，そこでだれも見かけませんでした」の **nothing** はものを表す否定語で「何も～ない」，someone や anyone は「だれか」の意味。
「だれも～ない」を表す **no one** が適当。この文は主語＋動詞＋目的語の文で，no one は動詞 saw「見た」の目的語になっている。

17

2 (1) **don't have[eat][have[eat] no]**
(2) **has, arrived**　(3) **doesn't work**
(4) **had no[not had / never had]**

解説 (1)「習慣」を表す一般動詞現在の文。主語が students と複数形なので do を用いて否定する。
(2)「まだ〜していない」は現在完了の完了用法の否定文なので主語の後ろは〈have[has] not＋過去分詞〉が続く。主語の our train「私たちの乗る電車」は3人称単数。
(3)〈not 〜 every〉は部分否定と呼ばれる否定文。**never works**「決して働かない」や **often works**「しばしば働く」，**sometimes works**「ときどき働く」などと意味合いが異なるので注意しよう。
(4)「雨が降る」には名詞 rain「雨」を用いた have rain という言い方がある。この表現を用いた現在完了の継続用法の文。have は have - had - had と変化するので，この文では現在完了の後ろに過去分詞 had が置かれる形となっていることを理解する。

3 (1) **Today's English test was not so difficult.**
(2) **do not always wear glasses**
(3) **has never told such a lie**
(4) **asked me nothing about my school life**

解説 (1)〈not so 〜〉「それほど〜ではない」
(2)〈not always 〜〉「いつも〜とは限らない」＝部分否定。服だけではなく体に身に着けるものは wear で表すことができる。glasses「メガネ」。
(3) 現在完了の経験用法の否定文「一度も〜したことがない」は〈主語＋have[has]＋never＋過去分詞〉の語順。「うそをつく」tell a lie の tell は tell - told - told と変化。
(4)「何も聞かない」「何も言わない」「何も知らない」などはよく出てくる表現。ask「たずねる」や say，know などの後ろに目的語の nothing を置くと文は否定文となる。ask は後ろが「人」→「もの」の語順になるので注意。

4 (1) **has no**　(2) **never been**

解説 (1)〈not 〜 any〉は「ひとつも[ひとりも]〜でない」を表す＝全部否定の文なので no を用いて表しても同様の意味になる。

(2)「今回が私の初めてのオーストラリアへの訪問です」→「私は今まで1度もオーストラリアに行ったことがありません」とほぼ同意の意味と考える。「〜に行ったことがある」は現在完了の経験用法の〈have been to 〜〉。

5 (1) **She does not[doesn't] look happy.**
(2) **Tom cannot[can't] read Japanese yet.**
[Tom hasn't been able to read Japanese yet.]
(3) **I knew no one at the party.**

解説 (1) 一般動詞 look 〜「〜に見える」を happy を用いて否定文で表す。
(2)「まだ〜でない」で使われる yet は現在完了の文と同じように文末に置く。
(3) 主語は明示されていないが，このようなときは I で始める。「知る」の目的語に no one を置いて「〜いませんでした」とあるから過去形で表す。know の過去形は knew。

p.50〜53　**実力アップ問題の答え**

1 (1) ウ　(2) エ　(3) エ　(4) イ　(5) ア
(6) ウ　(7) エ　(8) ア　(9) イ　(10) エ

2 (1) **have to**　　(2) **must not**
(3) **long has**　(4) **said nothing**
(5) **are spoken**　(6) **made of**

3 (1) あなたは自転車のカギをもう見つけましたか。
(2) 彼は病気のはずがありません。
(3) その古い動物園は来月閉鎖されるでしょう。
(4) トムは今年イギリスに戻ることはできないでしょう。

4 (1) **met no**　　(2) **Will you**
(3) **was given**　(4) **belongs to**
(5) **able to**　　(6) **interested in**
(7) **have, seen**　(8) **has lost**
(9) **been making**　(10) **don't, all**

5 (1) **What were you doing last night?**

(2) **Why don't you go with me?**

(3) **Can I walk to your house?**

(4) **You don't have to bring anything.**

解説 **1** (1) 主語は食卓についている子どもたち children であること，現在の会話であることから are が適当。

(2)「私たちの町には12校の中学校があります」このような「もの」が主語で「～がある」ということを表すときに使う動詞は「所有」を表す **have[has]** であることに注意。主語 our city は 3 人称単数。

(3) 文中に going to があるので未来を表す〈**be going to**〉の疑問文であることがわかる。

(4) about this time yesterday「昨日の今くらいの時間」と時間を限定しているので「～していた」を表す過去進行形〈**was[were]＋-ing**〉が適当。doing から判断する。

(5)「～ですね」を表す肯定の付加疑問文なので，〈否定の短縮形＋主語〉が入る。Ms. とあるので主語のホワイト先生を she で表す。

(6) 答えに Twice a week.「週に2度」とあるので「頻度」を問う疑問文を考える。**How many** は「数」，**How long** は「期間」，**How old** は「年齢」をそれぞれ問う疑問文。「何回」と頻度を問うときは〈**How often ～?**〉を用いる。

(7)「今日は一日中とても寒いです」has があるので〈**have[has]＋過去分詞**〉の現在完了。後ろには be 動詞の過去分詞が続く。all day「一日中」

(8) ある状態が終わったり，ある状態になったりした結果今～です，といいたいときは現在完了の結果用法を用いて表すことができる。問題は「母が町に買い物に出かけてしまって（その結果）今いない」ということを表している。go は go - went - gone と変化。

(9)「私たちは学校に行く途中ときどきその老人に話しかけられます」〈speak to ～〉「～に話しかける」を1語の動詞（＝群動詞）として考え，受け身の文〈**be 動詞＋過去分詞**〉で表す。speak は speak - spoke - spoken と変化。その他の群動詞が入ってよく出題される英文に，**The dog is taken care of by my mother.**（その犬は私の母が面倒を見ています）などがあるので注意する。

(10)「丘の上のあのホテルはいつ建てられたのです

か」疑問詞を用いた受け身の疑問文。疑問詞の後ろに be 動詞 was が先頭に出る受け身の疑問文が続く。build「～を建てる」は build - built - built と変化。

2 (1)「～しなければならない」は〈**must ～**〉で表すことができるが，一般動詞は have を用いて〈**have to ～**〉でほぼ同意の文を表すことができる。疑問文の場合は〈**Do[Does]＋主語＋have to ～?**〉で，否定文は〈主語＋do[does] not have to ～〉「～しなくてもよい」で表す。

(2)「禁止」＝「～してはいけない」と考え，〈**must not ～**〉で表す。〈**don't [doesn't] have to ～**〉「～しなくてもよい」との意味のちがいに注意。

(3)「期間」を問う現在完了の継続用法の疑問文。疑問詞「どのくらい」の後ろに have [has] を先頭に出した現在完了の疑問文が続く形。

(4)「何も言わなかった」を〈**say＋nothing（否定語の目的語）**〉を用いて表す否定文。say は say - said - said と変化。

(5)「話されています」は受け身の表現なので〈**be 動詞＋過去分詞**〉が入る。主語が kinds「種類」と複数なので be 動詞は are となる。

(6)「素材・材料」を表す「～でできている」は〈**be made of ～**〉と受け身で表すよく出る表現。「原料」を表すときは〈**be made from ～**〉となる。Butter is made from milk.「バターは牛乳からつくられる」，原料が加工されて別の性質の製品にかわるときは〈**be made into ～**〉となる。⇔**Milk is made into butter.**

3 (1) 文末に yet「もう」を置いた現在完了の完了用法の疑問文。find out ～「～を見つけ出す」。find「見つける」は find - found - found と変化。

(2) **can** には「可能」を表す「～できる」と「推測」を表す「～がありうる」の意味がある。この文は「ありうる」の用法の否定文で，強い疑い＝「～でありえない，あるはずがない」を表している。

(3) 未来形の受け身の文は〈**will＋be＋過去分詞**〉で「～されるでしょう」を表す。

(4) will と can という2つの助動詞を連続して用いることはできないので，will のあとの can は代用語句の〈**be able to ～**〉を用いて表す。go back to ～「～に戻る」，the U.K.「イギリス」。

4 (1)〈**not ～ any**〉を含む英文は〈**no ～**〉で同意の文に書きかえられる。どちらも「ひとつ[ひとり]も～ない」を表す全部否定の文となる。

(2) 〈How about ~?〉「~はどうですか?」と人に何かをすすめたり，提案したりするときにも用いられるのでここでは「~はどうですか」を表す勧誘の表現と考え，〈Will you ~?〉で勧誘の文となる。〈Will you ~?〉にはもうひとつ「~してくれませんか」を表す依頼表現もあることを確認しよう。

(3) 能動態の文を受け身に書きかえる問題。上の能動態の文にある目的語の me「私に」が受け身の文で主語 I になる。動詞が gave と過去形なので受け身の文の be 動詞は was となる。give「~を与える」は give - gave - given と変化。

(4) 「~の一員である」を「~に所属している」を表す一般動詞で言いかえる問題。「~に所属する」は〈belong to ~〉，「女子サッカーチーム」は girls' soccer team。This bag belongs to me.（= This bag is mine.）のような言い方もある。

(5) could は can の過去形で「~することができた」の意味。この文は can から〈be able to〉に書きかえる問題。couldn't から過去形の be 動詞の否定形の短縮形の文にする。

(6) 主語がものであるとき「おもしろい」は interesting で表すが，同じ内容を人を主語にしていうとき，「興味を持たせる」という本来の意味の interest という動詞が過去分詞となり，受け身と同じ〈be 動詞＋過去分詞〉の形をとる。これは〈be interested in ~〉「~に興味がある」と慣用句として覚える。全文の意味は「私は伝統的な日本文化にとても興味を持っています」。

類似の表現：The news was surprising.「そのニュースは驚くべきものでした」⇔ I was surprised at the news.「私はそのニュースに驚きました」

(7) 「私たちがロンを最後に見かけてから長い時がたっています」＝「私たちは長い間ロンを見かけていません」現在完了の継続用法の否定文。see は see - saw - seen と変化。

(8) うで時計をなくし，その結果今それを持っていないことを表す現在完了の結果用法。lose「失う」は lose - lost - lost と変化。

(9) 1時間前にクッキーをつくり始め，今もつくっていることを表す現在完了進行形の文。過去から現在にまたがる継続する動作は〈have[has]＋been＋-ing〉＝現在完了進行形で表す。

(10) 男の子のうちの何人かは知っているが，2人は知らないということを「全員知っているわけではない」という意味の部分否定で書きかえる問題。否定文に〈all ~〉や〈every ~〉があるときは「すべて~というわけではない」という意味になる（＝部分否定）ので注意する。

5 (1) 続けて「何度も電話をしたのよ」といっていることから「昨夜は何をしていたの?」とたずねていると考えられる。what を使った過去進行形の疑問文にする。

(2) ケイトが「私もいっしょに行きたい!」と答えていることから，エミは「私と行きませんか」と誘ったと考えられる。〈Why don't you ~?〉で「~しましょう」という提案の表現。

(3) 次のケイコの発言から，カーロは walk「歩く」ことができるかどうかたずねたと考えられる。歩いて向かう先は your（＝Keiko's）house だと考えられる。

(4) 続けて「来てくれるだけいいです」といっているので，「何も持ってこなくてよいです」といった内容が入ると考えられる。「~しなくてもよい」は〈don't have to ~〉で表す。

全訳 エミ：こんにちは，エミです。ケイトはいますか。

ケイト：ケイトよ。

エミ：まあ，ケイト。昨夜は何をしていたの? 9時以降に何度も電話をしたのよ。

ケイト：ごめんね，エミ。昨日はとても疲れていて早く就寝したの。どうしたの?

エミ：今日，時間ある? 昨日，町で50パーセント引きのかわいいTシャツを見つけたのよ。何枚か買いたくって。私といっしょに行きましょうよ。

ケイト：うわぁ，いっしょに行きたいわ! わかった，すぐにしたくするわ。

全訳 ケイコ：今度の土曜日は何か予定があるの，カーロ?

カーロ：何も。どうして聞くんだい?

ケイコ：私の家で夕方にパーティーをする予定なのよ。あなたが来てくれたらうれしいわ。

カーロ：喜んでいくよ。きみの家は歩いて行けるかな。

ケイコ：歩けるわよ。でも，歩きだと時間がかかるから，バスを使ったほうがいいわ。

カーロ：わかった。食べ物を持っていったほうがいいかな。

ケイコ：いいえ。何も持ってくる必要はないわ。来てくれるだけでいいの。

1 (1) **boxes** (2) **lives** (3) **babies**
(4) **children** (5) **sheep** (6) **dishes**
(7) **women** (8) **feet**

解説 (2) life (命, 生活) のように -fe で終わる単語は -ves にする。(4)「子ども」, (7)「女性」, (8)「足」は不規則変化する名詞。(5)「羊」は単数形と複数形が同じ。

2 (1) **mine** (2) **they** (3) **her** (4) **his**

解説 (1)「この自転車はあなたのものですか」「いいえ, それは私のものではありません」
「あなたのですか」という問いかけに No で答えているのだから「私のものではない」ということになる。
(2)「ルーシーとトムはテニスが好きですか」「いいえ, 好きではありません」
(3)「あれはあなたのお姉さん [妹さん] のかばんですか」「はい, それは彼女のかばんです」
your sister's「あなたのお姉さん [妹さん] の」の代わりに用いる代名詞は her。
(4)「トム・ブラウンを知っていますか」「はい。私は彼の家の近くに住んでいます」
Tom から男性だと判断できる。空所は名詞の前なので所有格にする。

3 (1) **ア** (2) **ウ** (3) **ア** (4) **ウ** (5) **イ** (6) **ウ**

解説 (1)「私は水を1杯ほしいです」
a glass of water「1杯の水」
(2)「私は毎日, 1切れの肉を自分の犬に与えます」
a slice of meat「1切れの肉」
(3)「紙を1枚持っていますか」
a sheet of paper「1枚の紙」
(4)「私の母は毎朝1杯のお茶を入れます」
a cup of tea で「1杯のお茶」。なお mug「マグカップ」を使った **a mug of tea**「マグカップ1杯のお茶」という表現もよく使われる。
(5)「アンディは正直な少年です」
honest の発音は [ɑ́nəst アネスト]。母音で始まるので an を選ぶ。
(6)「太陽は東から昇ります」
「(太陽が) 東から昇る」は rise in the east,「西に沈む」は set in the west で表す。the とともに前置詞 in にも注意。

4 (1) **イ** (2) **ウ** (3) **イ** (4) **ア**

解説 (1) not A but B「A ではなくて B」
(2) 3つ以上のものについて「1つは〜, 残りは…」という場合は〈One 〜, and the others ...〉を使う。
(3) 日本文の「めいめい」と動詞の has に着目する。単数扱いの **each** が正解。one of them では「彼らのうちの1人」, some of them では「彼らのうちの数人」という意味になってしまう。
(4) 日本文の「ひとつも持っていない」と否定語 doesn't に着目する。〈not 〜 any〉「ひとつも〜ない」という意味になる。

5 (1) **himself** (2) **any** (3) **others** (4) **All**

解説 (1)「自分自身」は「彼自身」のことなので himself を入れる。
(2)「まったくない」という意味の否定文なので, any を入れる。
(3)「他人」は **others** の1語で表すことができる。
(4) 日本文の「全員」と動詞 have から複数扱いの **All** を入れる。単数扱いの Each は不可。

1 (1) **エ** (2) **ア** (3) **イ** (4) **ウ** (5) **ウ**

解説 (1)「別のもの」なので another を選ぶ。other を使うには, others や other sweaters などとしなければならない。
(2)「お互い」は **each other**。
(3)「〜の両方とも」は〈both of 〜〉。〈either of 〜〉は「(2つ〔2人〕のうち) のどちらか1つ〔1人〕」という意味。
(4)〈some 〜, others ...〉で「〜もいれば〔あれば〕, …もいる〔ある〕」という意味。
(5) **hour** の発音は [áuər アウァ]。母音で始まるので an を選ぶ。half an hour「30分」

2 (1) **ア** (2) **エ** (3) **エ** (4) **エ** (5) **エ**

解説 (1)「これは私のネコです。あなたもネコを飼っていますか」
Do you have a cat? の a cat を意味する one を選ぶ。it を選ぶと my cat を指すことになり,「あなたはそれ (= 私のネコ) を飼っていますか」という意味になってしまい, 不自然。

21

(2)「これはだれの財布ですか」「それは私のものです」mine「私のもの」を選ぶ。It's me. は電話などで「私だけど」という場合に用いる表現。

(3)「オレンジジュースを2杯ください」「1杯のジュース」は a glass of juice,「2杯のジュース」は two glasses of juice とする。

(4)「私は5匹の犬を飼っています。1匹は白くて,残りは茶色です」〈One ～, and the others ...〉「(3つ以上のものについて) 1つは～,残りは…」

(5)「私はアンドレアの兄弟をよく知っていますが,私の姉 [妹] は彼らを知りません」空所に入るのは目的格。Andrea's brothers を指すと考えられるので them を選ぶ。

3 (1) **needs some pieces of chalk**
(2) **Both of these songs are very popular.**
(3) **I want a glass of milk**
(4) **have any pictures of a full moon**
(5) **put two spoonfuls of salt in the**

解説 (1) chalk「チョーク」は a piece of ～ を使って数える。ここでは「いくつかの」なので some pieces of chalk とする。

(2) these songs are very popular と並べれば「これらの曲はとても人気がある」となる。ここでは「これらの曲はどちらも」なので,Both of these songs「これらの曲は両方とも」とする。

(3) a glass of milk「1杯の牛乳」

(4) 天体の「月」は the moon だが,特定の形状の「月」を表す場合は a full moon「満月」,a crescent (moon)「三日月」などとする。

(5) a spoonful of ～ で「1さじの ～」,two spoonfuls of ～ で「2さじの～」。

4 (1) **these, yours** (2) **Both of**
(3) **any** (4) **each other**

解説 (1)「これらはあなたの本ですか」「これらの本はあなたのものですか」主語と補語を見分ける。元の文は these が主語,your books が補語。書きかえた文では books のあとにカッコがあるので ( ) books が主語,そのあとの ( ) が補語になると考える。

(2)「メアリーには2人の兄弟がいます。彼らのどちらもギターを弾きます」「メアリーの兄弟はどちらもギターを弾きます」元の文の them はメアリーの two brothers を指している。したがって,them が Mary's brothers に置きかわったと考えればよい。

(3)「その部屋には家具がありません」〈no＋名詞〉で「1つも～ない」という意味。〈not ～ any〉で書きかえられる。

(4)「私はケンをとてもよく知っていて,彼も私をとてもよく知っています」「ケンと私はお互いをとてもよく知っています」元の文はつまり「お互いのことをとてもよく知っている」という内容。each other「お互い」を書きかえた文の目的語にする。

5 (1) **He is a friend of mine.**
(2) **Each of us has different opinions.**

解説 (1)「彼」＝「私の友だちの1人」という関係になるので,be 動詞を用いた文にする。「私の友だちの1人」は one of my friends または a friend of mine で表せるが,ここでは使用語句の指示に従って a friend of mine とする。

(2)「私たちそれぞれが／～を持っています／異なる意見」の順で英文をつくっていく。「異なる意見」はすでに与えられている different opinions。「私たちそれぞれ」は us が与えられていることから Each of us とする。動詞は have を使うが,each は単数扱いなので has にする。

9 形容詞・副詞

p.62～63 **基礎問題の答え**

1 (1) エ (2) ア (3) ア (4) ア (5) イ (6) ア

解説 (1)「数が多い」ことを表すときは many を使う。
(2) snow「雪」は数えられない名詞。「量が多い」は much か a lot of を使う。なお,a lot of は「数が多い」場合にも用いられる。
(3) money「お金」は数えられない名詞。「量がほとんどない」は little で表す。
(4)「2,3人の,数人の」は a few で表す。lots of は「たくさんの」。
(5)「まったく～ない」は〈no＋名詞〉で表す。

(6) water は数えられない名詞。**not much** で「量があまりない」という意味。なお，much は疑問文または否定文で用いられることが多い。

2 (1) 2　(2) 2　(3) 3　(4) 1　(5) 1

解説 頻度を表す副詞は一般動詞の前，be 動詞・助動詞のあとに置く。
(1)「彼女はよく学校に遅刻します」
(2)「彼は毎晩，よく眠ります」
well「よく」は動詞のあとに置く。目的語がある場合は目的語のあと。
(3)「その少女は英語をゆっくりと話します」
slowly「ゆっくり」は動詞のあとに置く。目的語がある場合は目的語のあと。
(4)「私の母はたいてい朝6時に起床します」
(5)「メアリーは時々ホワイトさんをバス停で見かけます」

3 (1) ア　(2) イ　(3) ウ

解説 (1) a lot of money「たくさんのお金」
(2) little knowledge「知識がほとんどない」から「ほとんど知らない」と考える。
(3) この a little は副詞として understand を修飾しており，「少し」という意味。

4 (1) ア　(2) イ

解説 (1) イ「私はよく音楽を少し楽しみます」　ウ「私はひとりで音楽をいくらか楽しみます」
music は数えられない名詞。by oneself「ひとりだけで，自力で」
(2) ア「私の父はいつでも注意深い運転手です」　ウ「私の父は注意深く車を運転します」
always は「常に，必ず」という意味。

p.64～65　標準問題の答え

1 (1) ア　(2) ウ　(3) イ　(4) イ　(5) ア
　(6) エ　(7) エ　(8) ア　(9) エ　(10) イ

解説 (1) A「ジュースをもう少しいかがですか。グラスがほとんど空ですよ」B「ええ，お願いします」
おかわりをすすめられていることから，グラスはほとんど empty「空っぽ」のはず。full「いっぱいの」，free「自由な」。
(2)「私は新しい車を買いたかったのですが，十分なお金がありませんでした」
but に着目し，「車を買いたかったが，お金がなか

った」という流れになると考える。enough「十分な」
(3)「あまりテレビを見てはいけません」
little と **much** は量や程度，**large** は大きさ，**many** は数の多さを表す。「テレビを見てはいけない」という内容に合うのは too much。
(4)「激しく雨が降っています」
rain は1語で「雨が降る」という意味。あとに形容詞をとることはできない。**heavily**「激しく」が正解。
(5)「ベティは幸せそうに見えません」
〈**look＋形容詞**〉で「～に見える」という意味。happily は「幸せそうに」という意味の副詞。**hardly** は「ほとんど～しない」という意味の副詞。
(6)「彼らはまったく間違いをしません」
not ～ any「まったく～ない」，make a mistake「間違いを犯す」。
(7)「静かにしてください」
be 動詞で始まる命令文なので，空所には形容詞が必要。silence は名詞で「静けさ」，**silently** は副詞で「静かに」，**quietly** も副詞で「静かに」，quiet は形容詞で「静かな」。
(8)「彼女は有名ではありません。彼女のことを知っている人はほとんどいません」
people は複数扱い。つまり，数えられる名詞と見なす。「有名ではない」のだから「知っている人はほとんどいない」はずなので Few を選ぶ。
(9)「スズキ先生，いくつか質問があります」
数えられる名詞を修飾できるのは a few。not any を用いるには I don't have any questions. などとしなければならない。
(10)「ジョンはたいてい，放課後に友だちとサッカーをします」
主語と動詞の間が空所になっているので副詞が入る。頻度を表す usually が正解。usual は形容詞で「ふだんの」，exact は形容詞で「正確な」，exactly はその副詞形で「正確に」。

2 (1) ア　(2) イ

解説 (1)「ただで手に入るものなどありません」
free はここでは副詞で「無料で」という意味。**for nothing** が同じ意味。**with pleasure** は「喜んで」，**on business** は「商用で」，**for fun** は「楽しみのために」。**never** は「決してない」という否定の意味の副詞。

(2)「驚いたことに，ナンシーはその問題を簡単に解決しました」

with ease は「簡単に」という意味で，**easily** と同意。correctly は「正しく」。surprisingly は「驚いたことに」という意味の副詞で，文頭で用いられることが多い。

3 (1) **This bed is not large enough for**
　(2) **There is something wrong with my father's car.**
　(3) **wakes up very early in the morning**
　(4) **I have no plan for the weekend.**

解説 (1) 語群に not, enough, large があることから「小さすぎる」は「十分に大きくない」と考える。enough は形容詞で「十分な」，副詞で「十分に」という意味。副詞で用いて形容詞を修飾する場合は，形容詞のあとに置く。主語は This bed「このベッド」なので，This bed is not large enough for (me) と並べる。
(2) 形容詞 wrong「悪い」を用いた表現に，〈**there is something wrong with ~**〉「~はどこか調子が悪い」がある。ここでは「車が故障している」を「車はどこか調子が悪い」と考える。
(3)「(時刻が) 早く」という場合は early を用いる。very early in the morning で「とても朝早く」という意味。quickly は「(動作が) すばやく」という意味で，ここでは不要。early，quickly，fast「(速度が) 速く」の意味のちがいを理解しておくこと。
(4)「予定がない」は have no plan，「~の予定」は a plan for ~ で表す。

4 (1) **hot** (2) **no** (3) **good, singer**
　(4) **good, at**

解説 (1)「今日は暑いです」
「今日は暑い日だ」は「今日は暑い」と同じ。
(2)「私はヨーロッパには友だちが1人もいません」
not any＝no
(3)「彼女はとても上手に歌を歌います」「彼女はとても上手な歌手です」
一般動詞の文を be 動詞の文に書きかえる。「上手に歌う」ということは「上手な歌い手 [歌手]」ということ。
(4)「アンディはギターを上手にひきます」「アンディはギターを弾くのが得意です」

一般動詞の文を be 動詞の文に書きかえる。**be good at ~** で「~が得意である」という意味。

5 (1) **This book is very interesting to me.**
　(2) **The[That] factory has a lot of workers.**
　(3) **I can speak French only a little.**

解説 (1) 与えられている単語から「この本は／とてもおもしろいです／私にとって」の順で英文をつくっていく。「この本は」は This book，「とてもおもしろいです」は主語が3人称単数なので is very interesting，「私にとって」は to me とする。interesting を interested としないこと。interested は人を主語にして「(人があるものに) 興味があって」という意味。
(2) 与えられている単語から「その工場は／~を持っている／たくさんの作業員」の順で英文をつくっていく。「その工場は」は The [That] factory，「~を持っている」は主語が3人称単数なので has，「たくさんの作業員」は a lot of workers とする。
(3) 与えられている単語から「私は／~を話すことができる／フランス語を／ほんの少しだけ」の順で英文をつくっていく。「~を話すことができる」は can speak でその目的語が French。「ほんの少しだけ」は a little に only をつけて **only a little** とする。

10 前置詞・接続詞

p.68～69 基礎問題の答え

1 (1) **for** (2) **at** (3) **to** (4) **in**

解説 (1)「ユキとメグは2時間テニスをしました」
カッコのあとに two hours「2時間」という期間を表す語句がきているので **for**「~の間」を選ぶ。
(2)「私の兄 [弟] がドアのところに立っていました」
「場所」を表す前置詞。**at the door** で「ドアのところに」。
(3)「あなたはみんなに親切なのにちがいありません」
be kind to ~ で「~に親切である」の意味。
(4)「ベンは1か月たったら帰ってくるでしょう」
in には「(これから) ~したら，~先に」の意味がある。

2 (1) **at** (2) **on** (3) **on** (4) **at**

解説 (1)「うちの家族はいつも 7 時半に朝食を食べます」
時刻には **at** を用いる。
(2)「私たちは日曜日には学校に行きません」
曜日には **on** を用いる。
(3)「私たちはジャックに 6 月14日に会うつもりです」
日付には **on** を用いる。
(4)「ケンが夜にあなたに電話をかけてくるでしょう」
at night で「夜に」。

3 (1) **for, in** (2) **from, till** (3) **without**
(4) **in** (5) **on, with** (6) **for** (7) **to**

解説 (1)「〜によい」は **be good for 〜**。「(季節)に」を表す前置詞は **in**。
(2)「朝から晩まで」は **from morning till night**。
(3)「〜がなければ」は「〜なしで」の意味の **without** を用いる。
(4)「(ある言語) で」は **in**。
(5)「ピクニックに行く」は **go on a picnic**。「〜といっしょに」は **with 〜**。
(6)「〜を待つ」は **wait for 〜**。
(7)「〜するのを楽しみにする」は **look forward to -ing**。

4 (1) **but** (2) **and** (3) **or**

解説 (1)「私は駅で 1 時間待ちましたが,彼は来ませんでした」
前半は「待った」,後半は「来なかった」という内容なので,**but** を選ぶ。
(2)「こっちへ来なさい,そうすればタワーがもっとよく見えますよ」
命令文のあとの **and** は「そうすれば」の意味。「こっちへ来なさい」と「タワーがもっとよく見えます」を **and** で結べば文脈が通る。
(3)「一生懸命勉強しなさい,そうしないと試験に落ちますよ」
命令文のあとの **or** は「そうしないと」の意味。「一生懸命勉強しなさい」と「試験に落ちます」を **or** で結べば文脈が通る。

5 (1) **when** (2) **after**
(3) **if, it, rains** (4) **Though**

解説 (1)「〜のとき」は「時」を表す接続詞 **when** で表す。
(2)「〜のあと」は **after** で表す。
(3)「もし〜なら」という条件の意味なので,**if** を用いる。**if 〜** の条件を表す文では未来のことも現在形で表すので,「雨が降る」は **it** を主語にして **it rains** とする。
(4)「〜だけれど」という譲歩（じょうほ）の意味には **Though** を用いる。**Although** も可。**But** は不可。

6 (1) **want to finish this report by tomorrow**
(2) **came up to us with a smile on his face**

解説 (1)「明日までに」は **by tomorrow** を用いる。**by** は「期日・期限」を表す。
(2)「笑みを浮かべて」は「微笑みとともに」と考え,**with a smile** とする。「顔に」は **on one's face**。

1 (1) **イ** (2) **ウ** (3) **エ** (4) **ア** (5) **イ**
(6) **ア** (7) **イ** (8) **ア** (9) **ア** (10) **ウ**

解説 (1)「私のボトルにはお茶がいっぱい入っています」
be full of 〜「〜で満ちて,〜でいっぱいで」
(2)「この辞書はあなたのものとはちがいます」
be different from 〜「〜とちがう」
(3)「学校に遅れてはいけません」
be late for 〜「〜に遅れる」
(4)「庭は雪で覆（おお）われていました」
be covered with 〜「〜に覆われている」
(5)「あなたは英語か日本語のどちらかを話せますか」
either に着目する。**either A or B**「A か B のどちらか」
(6)「私の父は,仕事でニュージーランドに 5 年間います」
on business「仕事で,商用で」
(7)「私はこれ以上,その騒音（そうおん）にがまんできません」
put up with 〜「〜をがまんする」
(8)「彼女は自分の辞書でその単語を調べました」
look up 〜 in ...「(辞書など) で〜を調べる」
(9)「彼は学校に行く途中（とちゅう）で昼食を買いました」
on one's way to 〜「〜の途中で」
(10)「彼女は毎日 9 時まで勉強します」
「〜まで」の意味の「時」を表す前置詞は **till [until]**。

2 (1) カ (2) イ (3) ク (4) キ (5) ウ

解説 (1)「バスに乗り遅れたので，アンは学校に遅れました」
理由を表す接続詞。
(2)「食べる前に手を洗わなくてはいけません」
「～の前に」という時を表す接続詞。
(3)「デイビッドはケイトが夕食を食べているときによく電話してきます」
「～の間に」を表す while。
(4)「昨日，少年たちは雨が降ってくるまでサッカーをしました」
「～までずっと」という時を表す接続詞。
(5)「その角で右に曲がりなさい，そうすれば郵便局に着きます」
and は命令文のあとで「そうすれば」という意味になる。

3 (1) **says that he is going to study hard**
(2) **was so big that I couldn't eat all of it**
(3) **Not only Tom but also Ken has been absent since yesterday.**
(4) **can speak both English and Spanish**

解説 (1)「彼は～だと言っています」は〈he says that ～〉で表す。that 以下は〈be going to ～〉の文。
(2) so, couldn't に着目し，接続詞 that を補い，〈so ... that ＿ can't ～〉の文をつくる。
(3)〈Not only A but also B〉「A だけでなく B も」を主語に置く現在完了の継続(けいぞく)用法の文。この場合 B にくる語が主語になることに注意。has はケンを受けている。be absent「休んでいる」。
(4)「A と B の両方」は both A and B で表す。

4 (1) **because** (2) **so, that** (3) **During**
(4) **Though** (5) **at, age** (6) **If, you**
(7) **to** (8) **if, Kate**

解説 (1)「トムは慎重(しんちょう)に運転するので，事故を起こしたことがありません」「慎重な運転のおかげでトムは事故を起こしたことがありません」
〈～, so ...〉は「～なので…」という意味。because of ～「～のために」で書きかえる。

(2)「姉[妹]はとても遅く帰ってきたので，あの映画をテレビで見ることができませんでした」
〈so ... that ＿ can't ～〉「とても…なので～できない」
(3)「私たちがアラスカにいるときに，私はおもしろい動物を見ました」
時を表す前置詞にかえる。「～の間」は〈during＋名詞〉または〈while＋主語＋動詞～〉と覚えておく。
(4)「彼はたくさん友だちはいませんが，幸せです」
文頭で使うことができる「～だが」という意味の接続詞は though。although も可。
(5)「私は6歳(さい)のときにバイオリンを練習し始めました」
at the age of ～「～歳で」
(6)「急ぎなさい，そうしないと飛行機に乗り遅れますよ」「もしも急がないと，飛行機に乗り遅れるでしょう」
〈命令文，or ...〉「～しなさい。そうしないと…」は〈if you do not ～, you will ...〉「もし～でないなら，…になるだろう」で書きかえられる。
(7)「ボブはシンプソン氏に彼の写真を見せました」「ボブは彼の写真をシンプソン氏に見せました」
show の用法は〈show＋人＋もの〉または〈show＋もの＋to＋人〉。
(8)「ケイトの助けがなければ，私は今日の宿題を終えられません」「ケイトが助けてくれなければ，私は今日の宿題を終えられません」
without は「～なしでは」という意味を表す。

---

p.72～75 実力アップ問題の答え

1 (1) イ (2) ア (3) ウ (4) イ (5) イ
(6) イ (7) イ (8) ウ (9) イ (10) ア
2 (1) **a little**
(2) **each other (one another)**
(3) **How much** (4) **had few**
3 (1) 暗くなる前に家に帰ってきなさい。
(2) 私には好きなスポーツは何もありません。
(3) 日本で楽しい時間を過ごしてください。
(4) 昨夜はとても眠くて遅くまで起きていることができなかった。
4 (1) **good swimmer**

(2) **three children**　(3) **soon as**

(4) **while, was**　　(5) **Both, and**

[5] (1) **at the bus stop in front of**
[in front of the bus stop at]

(2) **it's between Tokyo[Yokohama]**
and Yokohama[Tokyo]

(3) **Our city is famous for its old**
temples.

(4) **Don't stand up until the plane**
stops

(5) **Though Runa had a little fever**

[6] (1) **far**　(2) **woman**　(3) **below**

(4) **himself**

[7] (1) エ　(2) イ　(3) オ　(4) ウ

[8] (1) **Could[Can, Would, Will] you**
help me if you are free?

(2) **A famous artist lived near my**
house.

(3) **Ken knows who can swim (the)**
fastest in his class.

解説 [1](1)「ジムは私に何も質問しませんでした」
question は数えられる名詞。few「ほとんどない」
では意味が通らない。some はふつう肯定文で使う。
(2)「今，ボトルの中には砂糖がほとんどありません」
数えられない名詞は単数扱いする。be動詞なら is
になる。
(3)「私のかばんは古いです。新しいのがほしいです」
it や that 使うと，ある特定の「それ」を指すこと
になり，ここでは，自分が使っている古いかばんの
ことになる。「別のかばんを新たにほしい」と考え
るのが自然なので，one を選ぶ。
(4)「その本はとても難しかったけれども，数人の学
生が理解できました」
student は数えられる名詞なので，few か a few。
but に注目し，a few を選ぶ。
(5) A「冬休みの間，あなたはどこに行きましたか」
B「私は北海道にいる友人を訪ねました。とても寒
かったです」

「～の間」という時を表す前置詞を入れる。「冬休み
の間」という特定の期間を示すのは during。
(6)「私たちは 9 月11日の夕方，パーティーをするつ
もりです」
特定の日の午前・午後を表す前置詞は on。
(7)「私の父は自動車事故のせいで仕事に遅れまし
た」
「遅刻した」のは「自動車事故」が原因だと考えられ
る。空所のあとは名詞がきているので〈because
of ～〉「～のせいで」を選ぶ。
(8)「私は疲れていたので，早めに就寝しました」
コンマの前と後ろの内容を見て，関係性を考える。
前が理由，後ろは結果。したがって，「だから」の
意味の so が入る。
(9)「今朝ラジオをつけるまで，そのニュースを知り
ませんでした」
「～するまでずっと」の意味を表す接続詞は until。
(10)「私はとても眠かったので宿題ができませんでした」
「宿題ができなかった」のは「眠かった」ことが原因だ
と考えられるので，〈so ～ that ＿ cannot ...〉「と
ても～なので…できない」の形にする。
[2](1)「少しの日本語」と考える。文末に a little を
置くと「少し日本語を話せる」となり，a little は
副詞の働きとなる。
(2)「お互いに」は慣用句の each other か one
another で表す。
(3) salt「塩」は物質名詞なので量を問う「どのくら
い」は〈How much ～?〉で表す。
(4)「ほとんど～ない」は名詞の前に few か little を
用いて表す。days が数えられる名詞なのでここで
は few を用いる。
[3](1) before it gets dark「暗くなる前」という
慣用句を用いた表現。時間や天候を表す文の主語は it。
(2)「1 つも～ない」は全部否定の文なので〈not
any ～〉の形で表す。
(3) enjoy ～ yourself（再帰代名詞）で「楽しい時
を過ごす」。似た表現に，have a good time，
have fun などがある。慣用句として覚える。
(4)〈so ... that ～〉「とても～なので」sit[stay]
up late「遅くまで起きている」
[4](1)「上手に泳ぐことができる」を「上手な泳者で
す」と名詞swimmer を用いて表す。well「上手に」
を good「上手な」に変えて表す。
(2)「2 人の息子と 1 人の娘」を「3 人の子ども」で
表す。

27

(3)「私の父は帰宅するとすぐに入浴しました」

〈as soon as ~〉「~するとすぐに」

(4) 前置詞 during「~の間中」を用いた「カナダでの彼女の滞在中」という表現を接続詞〈while「~する間」＋主語＋動詞〉で表す。述語動詞が had と過去形なので過去進行形の形になる。

(5)「トムとユキは昨日学校にいなかった」を「トムもユキも2人とも昨日学校を欠席した」という内容の文にする。「AもBも両方とも」は〈both A and B〉で表す。〈be absent from ~〉「~を休む」。

[5] (1) B「駅前のバス停[駅のバス停の前]のところでどうですか」

〈in front of ~〉「~の前で」

(2)〈between A and B〉は「場所」や「時間」を表す「―と~の間に[で]」。

(3)「私たちの町は古い寺で有名です」

〈be famous for ~〉「~で有名な」

(4)「飛行機が（完全に）止まるまで立ち上がらないでください」

「時」や「条件」を表す接続詞に続く文は現在形で表す。until「~まで」＝till

[6] (1)「速い」⇔「遅い」の関係から near「近い」の反意語 far「遠い」となる。

(2)「紳士」⇔「淑女」の関係から man「男性」の反意語 woman「女性」となる。

(3)「~の上に」⇔「~の下に」の関係から above「~の上の方に」の反意語 below「~の下の方に」となる。

(4)「私は」⇔「私自身」の関係から「彼自身」を表す himself となる。

[7] (1)「私たちは冬休み中に長崎旅行をする予定です」

〈take a trip to ~〉は「~を旅行する」，during は「~の間」。

(2)「テーブルの飲み物を自由にとって飲んでください」

〈Please help yourself to ~.〉は「~を自由にとって飲んで［食べて］ください」

(3)「その店は私がトニーといっしょに行ったとき，すでに閉まっていました」

already は「すでに」。肯定文で使う。

(4)「彼らはその川にかかる橋を建設するのに多くのお金を費やしました」

橋は川の上にかかっているものなので，前置詞は over が適切。on では橋が水面に接していることになってしまう。spent は spend「（お金など）を費やす」の過去形。

[8] (1)「~してくれませんか／手伝う／私を／もし（あなたが）ひまなら」と考えて英文をつくる。「~してくれませんか」は〈Could you ~?〉だが，Could の代わりに Would, Will, Can を使ってもよい。「手伝う」は help，「私を」は me，「もし（あなたが）ひまなら」は形容詞 free を使って if you are free とする。if you aren't busy でもよい。

(2)「有名な芸術家が住んでいました／私の家の近くに」と考えて英文をつくる。ひとまず「芸術家が住んでいました」を An artist lived，「私の家の近くに」を near my house とし，残った「有名な」が「芸術家」を修飾する形を考える。

(3)「ケンは知っている／だれがいちばん速く泳げるか／彼のクラスで」と考えて英文をつくる。「ケンは知っている」は Ken knows，「だれがいちばん速く泳げるか」は who can swim (the) fastest。「だれがいちばん速い泳者か」と考えて who is the fastest swimmer としてもよい。「彼のクラスで」は in his class。

11 不定詞の基本的な使い方

p.78～79 基礎問題の答え

[1] (1) **to watch** (2) **to hear** (3) **To get**

解説 (1)「ジムはそのテレビ番組を見たいと思いました」

want のあとは不定詞がくる。**want to ~** で「~したい」。

(2)「私たちはそのニュースを聞いてとてもうれしいです」

〈be 動詞＋形容詞＋to 不定詞〉で「~して…だ」という意味になる。「形容詞」には「うれしい」や「悲しい」など，人の感情を表す形容詞がくる。

(3)「朝早く起きることはトムにとって難しいです」

カッコは文頭にある。また，文の中ほどに is があるので，主語の形にする必要があるとわかる。名詞的用法の to 不定詞にする。

2 (1) **to play the violin**
　(2) **Tell me a way to solve**
　(3) **studied hard to become an**

解説 (1) 日本文の「弾き始めた」から **begin to ～**「～し始める」を用いる。
(2) 日本文の「～する方法」は **a way to ～** で表す。「問題を解く」は solve a problem なので，Tell me a way to solve (the problem) とする。
(3) 日本文の「～になるために」から，目的の to 不定詞を使う。「英語教師になるために」は to become an English teacher となる。

3 (1) ア　(2) ウ　(3) イ

解説 (1)「ナンシーは昨年，コンピューターを使い始めました」ア「彼の仕事は貧しい人々を支援することです」
to use は名詞的用法で **began** の目的語。アも名詞的用法で文の補語になる。
(2)「ジムはメアリーからメッセージを受け取ってとても喜んでいます」ウ「私たちは映画を見るために繁華街へ行きました」
to receive は副詞的用法で **happy** の原因を表す。ウも副詞的用法で目的を表す。
(3)「彼女には助けるべき友だちがたくさんいます」イ「彼はうそをつく最後の人です〔彼はうそをつくような人ではありません〕」
to help は形容詞的用法で **many friends** を修飾している。イも形容詞的用法で the last person を修飾している。

4 (1) **to play**　(2) **to ask**

解説 (1)「私の夢」＝「いつか大リーグでプレーすること」という関係の文。be 動詞のあとは「プレーすること」を表す to play とする。
(2)「道をたずねるために」から，目的を表す to 不定詞を用いる。「～をたずねる」は **ask**。

5 (1) 私のおばに会いに行きました
　(2) 時間がありません

解説 (1) to see 以下は目的を表すが，「会うために行きました」では日本語として不自然。〈**go＋to 不定詞**〉は「～しに行く」と訳すとよい。
(2) to read は time を修飾する形容詞的用法の不定詞。**time to ～** で「～する時間」。ここでは否定語 no がついているので「～する時間がない」とする。

6 (1) **to see**　(2) **to do**　(3) **to say**

解説 (1)「～してとても驚く」から，原因を表す副詞的用法の形にする。
(2)「すべきこと」は **things to do** で表す。形容詞的用法。
(3)「言う（べき）こと」なら **something to say**。ここでは「言う（べき）ことがない」のだから nothing to say となる。

p.80～81 標準問題の答え

1 (1) エ　(2) エ　(3) イ　(4) エ　(5) ア　(6) ウ

解説 (1)「私たちがそのホテルの部屋に入ったとき，私たちはかごいっぱいの果物を見つけて驚きました」
空所の前の were surprised に着目し，〈**be 動詞＋感情の形容詞＋to 不定詞**〉の形にする。
(2)「ひどく歯が痛むんです」「今日，歯医者に行くべきです」
go to see a dentist で「歯医者に診察してもらいに行く」という意味。
(3)「人間はいつ火を使い始めたのですか」
begin to ～「～し始める」
(4)「彼女は大学で数学を勉強することにしました」
decide to ～ で「～することに決める」という意味。finish と enjoy のあとに目的語として to 不定詞を続けることはできない。stop のあとの to 不定詞は目的を表す副詞的用法になるので，ここではあてはまらない。
(5)「この植物は生長するために多くの水を必要とします」
grow は「生長〔成長〕する」という意味。植物が food「食べ物」を必要とするというのは不自然。
(6)「すべての生徒がその交換留学生の歓迎会をすることに同意しました」
agree to ～ で「～することに同意する」という意味。

2 (1) **buy**　　　(2) **to play**
　(3) **nothing to do**　(4) **sad to hear**

解説 (1)「彼は数枚の CD を買いたかったので，その店に行きました」「彼は数枚の CD を買うためにその店に行きました」
元の文は「CD を買うこと」が目的で「店に行った」という内容。目的を表す副詞的用法の to 不定詞で書きかえる。

(2)「ビルはバスケットボールをします。彼はそれが好きです」「彼はバスケットボールをすることが好きです」

元の文の it は basketball を指す。

(3)「私は明日，ひまでしょう」「私は明日，すべきことが何もないでしょう」

「ひまである」ということは「何もすべきことがない」ということ。

(4)「私たちがその国の災害について聞いたとき，私たちはとても悲しかったです」「私たちはその国の災害について聞いて，とても悲しかったです」

元の文から，災害のニュースを聞いたことが悲しい気分の原因になったと考えられるので，〈be 動詞＋形容詞＋to 不定詞〉で書きかえる。

3 (1) **to meet[see]**
(2) **ways to solve**

解説 (1)「あなたに会えたことが理由［原因］で，私はうれしいと思う」と考える。

(2)「～する方法」は a way to ～。ここでは several「いくつかの」があるので ways とし，solve「～を解決する」を不定詞にする。

4 (1) **has no time to listen to classical music**
(2) **Will you give me something cold to drink?**
(3) **We need a lot of energy to do this work.**
(4) **got up early to help my mother**
(5) **Did you find something interesting to read**

解説 (1) 日本文と語群の time や no から，「彼女には～がない／クラシック音楽を聞くための時間」と考えて文をつくる。「彼女には～がない」は She has no ～，「クラシック音楽を聞くための時間」は time to listen to classical music となる。

(2) 日本文と語群の drink, cold, something などから，「私に～をいただけませんか／何か冷たい飲み物」と考えて文をつくる。「私に～をいただけませんか」は Will you give me ～，「何か冷たい飲み物」は something cold to drink となる。cold の位置に注意。

(3) 日本文と語群の to, work, do などから「私たちには～が必要です／たくさんの気力／この作業をす

るための」と考えて文をつくる。「私たちには～が必要です」は We need，「たくさんの気力」は a lot of energy，「この作業をするための」は to do this work となる。

(4) 日本文と語群の help, to などから「私は早く起きました／母を手伝うために」と考えて文をつくる。「私は早く起きました」は (I) got up early，「母を手伝うために」は to help my mother となる。

(5) 日本文と語群の read, interesting, to, something などから「あなたは～を見つけましたか／読む何かおもしろいもの」と考えて文をつくる。「あなたは～を見つけましたか」は Did you find ～，「読む何かおもしろいもの」は something interesting to read とする。interesting の位置に注意。

5 (1) **He came to my house to help me with my homework.**
(2) **Where do you want to live in the future?**

解説 (1) 与えられている語句と日本文から「彼は私の家に来ました／私の宿題を手伝うために」の順で英文をつくる。「～の…を手伝う」は help ～ with … で表す。

(2)「あなたはどこに住みたいですか／将来」の順で英文をつくる。「あなたはどこに住みたいですか」は want to ～ を使って Where do you want to live とする。「将来」は与えられている in the future を使う。

12 不定詞を含む特別な形

p.84～85 基礎問題の答え

1 (1) **イ** (2) **ア** (3) **ア** (4) **イ** (5) **ウ**

解説 (1)「彼女は疲れていたので，夫に夕食を作ってくれるように頼みました」

〈ask＋目的語＋to ～〉で「…に～するように頼む」。

(2)「彼女はとても若いので1人で外国に行けませんでした」

too … to ～ で「とても…なので～できない」。

(3)「彼は大きな家を持てるほどお金持ちです」

〈形容詞＋enough to ～〉で「～できるほど十分に…」。

30

(4)「母は私に暗くなってから外出しないようにいいました」

〈tell＋目的語＋not to ～〉で「…に～しないようにいう」という意味。to 不定詞の否定形は not を to 不定詞の前に置く。

(5)「私はどう自動車を運転すればよいかわかりません」

how to ～ は「どう～すればよいか，～する方法」という意味。

2 (1) **wrong to tell**　(2) **easy for, to**

解説 It … (for __) to ～ で「(－が) ～するのは…だ」という意味。文頭の It は形式主語で，不定詞が真主語になる。for __ は不定詞の意味上の主語で，「－にとって」という意味を表す。

(1)「うそをつくことは悪いことです」

(2)「そこに時間通りに着くことは私たちにとって簡単ではありません」

3 (1) **too, to**　(2) **too, to**
　　(3) **so, cannot[can't]**

解説 too … to ～「とても…なので～できない」は so … that __ cannot ～ で書きかえられる。

(1)「すみません，私はとても忙（いそが）しいのであなたを手伝えません」

(2)「その本はとても難しくて，私は読めませんでした」

(3)「私の息子はとても小さいので自転車に乗れません」

4 (1) **want, to play**
　　(2) **tells, not to be**　(3) **enough, to**

解説 (1)「…に～してもらいたい」は〈want＋目的語＋to ～〉で表す。

(2)「…に～するようにいう」は〈tell＋目的語＋to ～〉。ここでは「～しないように」なので不定詞を否定形にし，〈tell＋目的語＋not to ～〉とする。

(3)「～するだけの…」は「～するのに十分な…」と考えて，〈enough＋名詞＋to ～〉を用いる。any を選ぶと「まったく持っていない」という意味になり，日本文と意味が異なる。

5 (1) **I know what to do.**
　　(2) **asked my father when to start**
　　(3) **I will help my mother wash the dishes.**

解説 (1) to, what があるので「何をすべきか」は「何をしたらよいか」と考え，what to do とする。これを I know「私は～を知っている」の目的語にする。

(2) when, to があるので「いつ出発するか」は when to start とする。「～に…をたずねる」は〈ask＋人＋wh- で始まる句や節〉で表すことができる。

(3)「～が…するのを助ける」は〈help＋人 (～) ＋原形不定詞 (…)〉の語順で表す。

1 (1) イ　(2) イ　(3) エ　(4) ア　(5) エ

解説 (1)「私に花を持ってきてくれるとはあなたは優しいですね」

〈It is … of __〉に着目し，〈It … of __ to ～〉「－が～するとは…だ」の文をつくる。

(2)「私の先生は私にその機械の使い方を教えてくれました」

空所のあとが動詞の原形である点に着目し，how to (use)「(～の) 使い方」とする。

(3)「ハワイで何を見るべきか教えてください」「ワイキキ・ビーチに行くのはどうですか」

次の文で具体的な場所をすすめているので，what to see「何を見るべきか」をたずねたと考えられる。

(4)「その事故の原因を見つけるのは難しいです」

空所のあとが〈形容詞＋to ～〉になっていることに着目し，〈It … (for __) to ～〉の文にする。

(5)「彼らは私に駅への行き方を教えてくれるほど親切でした」

不定詞とともに enough を使う場合は語順に注意。〈形容詞 [副詞] ＋enough to ～〉または〈enough＋名詞＋to ～〉。

2 (1) **too, to**　　(2) **how to**
　　(3) **asked Ken to**　(4) **necessary**
　　(5) **cold enough**　(6) **made, get**

解説 (1)「その質問はとても難しくて，私には答えられませんでした」

〈so … that __ cannot ～〉は〈too … to ～〉で書きかえられる。

(2)「その女性は私に博物館への行き方をたずねました」

〈the way to＋場所〉は〈how to get to＋場所〉で書きかえられる。

31

(3)「マリコは『手伝ってくれない，ケン？』といいました」「マリコはケンに手伝ってくれるように頼(たの)みました」

She said, "Will you ～?" のように人の言葉を直接引用した文は，〈She asked＋you が指す人物＋to ～〉で書きかえられる。ここでは「you が指す人物」は Ken のこと。

(4)「あなたは皿を洗う必要はありません」

don't have to ～「～する必要はない」は，It is not necessary (for ＿) to で書きかえられる。

(5)「思考もこおってしまうほど寒かったです」

so ... that ～ は ... enough (for ＿) to ～ で書きかえられる。

(6)「彼女は私の言葉を聞いて怒りました」

〈make＋人（～）＋原形不定詞（…）〉の語順で「私の言葉は彼女を怒(おこ)らせました」の意味にする。

3 (1) **am too shy to speak to a foreigner in**

(2) **It isn't easy for me to get up**

(3) **tell him to call me later**

(4) **asked my mother which bus to take to get to the hospital**

(5) **It is important for parents to take care of**

(6) **like you to do something**

(7) **not too late to begin to learn**

(8) **What made him change his mind?**

(9) **She let me borrow that pen.**

解説 (1) 日本文の「…なので～できない」と語群の speak to, too, to などから，〈too ... to ～〉の文をつくる。「恥ずかしい」は shy なので，I am too shy とし，不定詞は to speak to a foreigner in (English) とする。

(2) 日本文の「－には～することは…ではない」と語群の to, it, for などから，〈It ... for ＿ to ～〉の否定文をつくる。It isn't easy で文を始め，意味上の主語を for me で表す。真主語となる不定詞は to get up とする。

(3) 日本文の「…に～するようにいう」から，〈tell＋目的語＋to ～〉の文をつくる。later の位置に注意。tell him later to call me とすると「私に電話するようにあとでいってください」という意味になってしまう。

(4)「私は～を母にたずねました／どのバスに乗ればよいのか／病院に行くために」と考えて語句を並べていくとよい。「私は～を母にたずねました」は (I) asked my mother ～，「どのバスに乗ればよいのか」は〈which＋名詞＋to ～〉を使って which bus to take，「病院に行くために」は to get to the hospital とする。

(5) 日本文の「～することは－にとって…だ」から〈It ... for ＿ to ～〉の文をつくる。「～の世話をする」は take care of ～。

(6) 日本文をそのまま表す語句がないため，与えられた語句で日本文に近い内容を表現する。I'd が与えられており，語群には like, to, you があることを手がかりに，〈I'd like you to ～〉「あなたに～してもらいたい」の表現を使う。to ～ 以下を to do something とすれば「あなたに少しやってもらいたいことがある」と，日本文に近い内容になる。

(7)〈too ... to ～〉「～するには…すぎる」の否定文をつくる。It is のあとは not too late。これに続く不定詞には to learn と to begin の２つの可能性がある。どちらの動詞も不定詞を目的語にとることができるが，It is not too late to learn to begin では日本文に合わず，内容的にも不自然。

(8)〈make＋人（～）＋原形不定詞（…）〉「～に…させる」の用法を What の後ろに続け，「何が彼の気持ちを変えさせたのか」の意味にすれば同意の文となる。change ～ mind「気持ちを変える」

(9)〈let＋人（～）＋原形不定詞（…）〉「～に…させてあげる」の用法を用い，borrow を原形不定詞として使うと「貸してあげる」という意味になる。

4 (1) **You should tell her not[never] to be late again.**

(2) **I didn't know what to wear to his birthday party.**

解説 (1) 日本文を「あなたは彼女に～するようにいうべきです／もう二度と遅刻しない（ように）」と考えて文をつくっていく。「あなたは彼女に～するようにいうべきです」は〈tell＋人＋to ～〉を用いて，You should tell her to ～ となる。なお「～するべきだ」は「～したほうがよい」と考えて〈had better ～〉を使ってもよい。「もう二度と遅刻しない（ように）」は不定詞の否定形を使って not to be late again とする。not の代わりに never を使うことも可能。

32

（2）「私はわかりませんでした／何を着たらよいか／彼の誕生パーティーに」と考えて文をつくっていく。「私はわかりませんでした」は I didn't know，「何を着たらよいか」は what to wear，「彼の誕生パーティーに」は to his birthday party とする。なお I didn't know の代わりに I had no idea を使って，I had no idea what to wear to his birthday party. としてもよい。

13 動名詞

p.90〜91 基礎問題の答え

1 （1）ウ （2）ウ （3）イ （4）エ （5）イ

解説 （1）「ピアノを弾くことは」動名詞が主語となる文。
（2）want は to 不定詞を目的語にとる動詞。**want to 〜** で「〜したい」。
（3）enjoy は動名詞を目的語にとる動詞。**enjoy -ing**「〜して楽しむ，楽しく〜する」
（4）感情の原因や理由を表す不定詞の副詞的用法。「私は誕生日のケーキを食べてとてもうれしかったです」
（5）**〈stop＋ -ing〉**で「〜するのをやめる」を表す。**stop** は後ろに不定詞が続くと「〜するために立ち止まる」の意味になるので注意する。「その女の子は勉強するのをやめて，窓を開けました」

2 （1）私はケーキをつくることが好きです。
（2）私の趣味は音楽を聞くことです。
（3）あなたは部屋をそうじし終えましたか。
（4）トムは朝食をとらずに学校に行きます。

解説 （1）like は不定詞と動名詞の両方を目的語にとることができる動詞。動名詞の **making**「作ること」がこの文では like の目的語となっている。
（2）be 動詞の後ろに続く動名詞は主語の意味を説明する補語で，「〜することです」を表す。
（3）finish は enjoy と同じように目的語に動名詞をとる動詞。**finish -ing**「〜し終える」。
（4）without「〜なしで」のような前置詞の後ろは動名詞で続ける。in や on，of などの後ろの動名詞はその前置詞の目的語の役割を果たしている。**leave for 〜**「〜に向かう」。

3 （1）イ （2）エ

解説 （1）「私の母はこけしを集めることが大好きです」を「私の母の趣味はこけしを集めることです」となるように書きかえる。
（2）「映画館では楽しかったですか」を「映画館で映画を見て楽しかったですか」となるように書きかえる。**〈enjoy -ing〉**の形。

4 （1）**swimming** （2）**Climbing** （3）**talking** （4）**taking** （5）**doing**

解説 （1）**enjoy -ing**「〜して楽しむ」
（2）climb「〜に登る」が動名詞の形で「〜に登るのは」と主語になる形の文。
（3）**stop -ing**「〜するのを止める」を用いた命令文。
（5）is の後ろに「何もしないこと」が補語として続く文。**do nothing**「何もしない」。

5 （1）私たちはあなたの家を訪ねることを楽しみにしています。
（2）私の姉［妹］は小説を読むことに興味を持っています。
（3）英語を話すことを恐れてはいけません。

解説 （1）**〈look＋forward＋to -ing〉**「〜するのを楽しみに待つ」。
（2）**〈be＋interested＋in -ing〉**「〜することに興味がある」。
（3）**〈be＋afraid＋of -ing〉**「〜することを恐れる，怖がる」。

p.92〜93 標準問題の答え

1 （1）ウ （2）エ （3）イ （4）ア （5）エ （6）ウ

解説 （1）「私は外国に行くことに興味があります」**be interested in -ing**「〜することに興味がある」
（2）「夕食にお招きいただき，ありがとうございます」Thank you for -ing.「〜してくれてありがとうございます」よく使われる表現なのでしっかり覚える。**invite**「〜を招く」。**for** は「〜に対して」を表す。
（3）「ドアを開けたあと，彼は部屋に入りました」前置詞のあとに動詞を続ける場合は動名詞にする。
（4）A「今夜，私のパーティーに来ませんか」B「ええ，そうしたいのですが，できません。このレポートを書き終えなければならないのです」**finish** のあとに動詞を続ける場合は動名詞にする。

(5)「はっきりと話すことは，お互いを理解するとても重要な方法です」

( ) clearly のあとに is があるので，( ) clearly はこの文の主語になると考える。動名詞を選ぶ。

(6)「おとといジョンに会ったことを覚えています」

remember は目的語に動名詞，不定詞いずれもとることができるが，意味が異なる。**remember -ing** は「～したことを覚えている」，**remember to ～** は「～することを覚えている」。ここでは「ジョンに会った」のは過去の話なので seeing を選ぶ。

2 (1) **watching** (2) **Flying** (3) **having**

解説 (1)「ルーシーは映画を見ておおいに楽しみます」

enjoy は動名詞を目的語にとる。

(2)「宇宙を飛行することが私の夢です」

fly「飛ぶ」が動名詞「飛ぶことは」と文の主語をつくる形。

(3)「彼はアメリカに友だちがいるのが自慢です」

have が動名詞となって，**be proud of ～**「～を誇りに思う，～を自慢する」の of の目的語となる。

3 (1) **about going** (2) **good, swimming**
    (3) **stop playing**

解説 (1)「今週末にピクニックに行きましょう」「今週末にピクニックに行くのはいかがですか」

〈**Let's＋動詞の原形**〉は **How about -ing ～?** で書きかえることができる。

(2)「彼はとても上手に泳ぐことができます」「彼は泳ぐのがとても得意です」

「とても上手に泳げる」ということは「泳ぐのがとても得意[上手]である」ということ。

(3)「雨が降りはじめましたが，その子どもたちは野球をし続けました」「雨が降りはじめましたが，その子どもたちは野球をやめませんでした」

continue to ～ は「～をし続ける」という意味。「野球をし続けた」ということは「野球をすることをやめなかった」ということ。**stop -ing** で書きかえる。

4 (1) **must not give up studying in the U. K.**
    (2) **Will you stop making loud noises late**
    (3) **never see this painting without remembering my hometown**

(4) **are all looking forward to having you**

(5) **One of my hobbies is traveling alone.**

(6) **Don't be afraid of challenging new things.**

解説 (1) **give up -ing**「～するのを断念する，やめる」。

(2) **stop -ing**「～するのをやめる」を用いて表す。**make a noise**「騒ぐ，物音を立てる」，**Will you ～?**「～してくれませんか」と依頼する表現。**loud**「音が大きい」。

(3) **without -ing**「～せずに」という否定の表現の入った文に never という否定語がもう１つ入った文。「～せずには決して…しない」とは要するに「～するときは必ず…する」ということ。このような２つの否定表現を含む用法を二重否定という。

(4) **look forward to -ing**「～を楽しみに待つ」を現在進行形で表す。「人を（客として）迎える」は〈**have＋人**〉の形でいい表す。

(5) 〈**one of＋複数名詞～**〉で「～のうちの１つ」を表す。**travel**「旅行する」が be 動詞の後ろで動名詞となり，主語を説明する補語となっている。

(6) **be afraid of ～**「～を恐れる」を用いた否定の命令文。前置詞 of の後ろにその目的語を動名詞にかえて続ける。**challenge**「～に挑戦する」。

5 (1) **thank you for finding me a good seat**
    (2) **reading sports books is very interesting**

解説 (1)「私に良い席を見つけてくれてありがとうございます」

Thank you for -ing. の形でお礼を言う文。find A B で「A（人）に B（もの）を見つける」。

(2)「スポーツの本を読むことはとてもおもしろいです」。is は文頭に置く主語 reading「読むことは」を受けている。books が主語なら be 動詞は is とならないはず。動名詞も名詞だが普通名詞と違って複数形で表すことはほとんどない。

1 (1) エ　(2) エ　(3) エ　(4) エ　(5) エ
　　(6) イ　(7) ア　(8) ア　(9) イ　(10) エ

2 (1) making, sound[noise]
　　(2) kind enough　(3) to see
　　(4) about having

3 (1) is impossible for the child to ride a unicycle
　　(2) asked my father to buy a personal computer for me
　　(3) didn't know what to buy for my mother
　　(4) Please tell us where to visit in Kobe.

4 (1) kind enough to show
　　(2) look [are looking] forward to going
　　(3) tell me which bus to

5 (1) My father is very good at skiing.
　　(2) It is interesting for me to study science.
　　(3) Ken asked me to help him.
　　(4) This bag is too heavy for her to carry.

6 (1) It is very interesting for me to read books.
　　(2) My brother is fond of fishing.

7 (1) This town didn't have much money to make their lives
　　(2) waiting for trains was hard for
　　(3) 図書館を建設することはとてもお金がかかることでした
　　(4) 彼らは全国の人々に古本を市役所にくれるように頼みました。

解説 **1** (1)「私はあなたから再び便りがあることを楽しみにしています」
look forward to -ing で「〜することを楽しみに待つ」。**hear from 〜**「〜から便りがある」

(2)「ジャックは手紙を書いていましたが，電話に出るために（書くのを）やめました」
stopped answering the telephone「電話に出ることをやめる」では意味が通らない。不定詞を選び，「電話に出るために（書くのを）やめた」という内容にする。

(3)「私は来週までにこれらの2冊の本を読み終えるでしょう」
finish -ing「〜し終える」，**by**「（期日）までに」。

(4)「サンドイッチを食べる前に手を洗いなさい」
before の後ろに文が続いていないのでこの before は前置詞。前置詞の後ろは動名詞（-ing）の形。

(5)「ハンバーガーを作ってくれるようにあなたのお母さんに頼むつもりです」
ask ... to 〜「…に〜するように頼む」。

(6)「今年の冬はニュージーランドに行きたいです」
would like to 〜「〜したいと思う」は **want to 〜** のていねいな表現。

(7)「ケンは彼の新品のギターを私に使わせてくれました」
〈**let＋人（…）＋動詞の原形（〜）**〉は「…に〜させてあげる」と「許可」を表す文。三人称単数の主語 Ken を lets と受けていないのでこの let は過去形。**let** は let‐let‐let と形が変わらない変化。

(8)「トムは朝食を食べずに学校へ行きました」
without の後ろは動名詞（-ing）の形

(9)「私たちはその時ディズニーランドに行くのに十分なお金を得ていませんでした」
〈**enough＋名詞＋to 〜**〉「〜するのに十分な…」を用いる。

(10)「私たちは道に迷った時，どこに行ったらよいかわかりませんでした」
〈**where to 〜**〉で「どこに〜したらよいか」

2 (1)「私はドアを静かに開けようとしました」「私は音を立てずにドアを開けようとしました」
quietly の内容を without を使って表す。「静かに」ということは「音を立てずに」ということ。

(2)「ケイコは親切にも駅への行き方を私に教えてくれました」
空所のあとが to show ... と不定詞になっている点に着目し，〈**be＋形容詞＋enough to 〜**〉を使って kindly の内容を表す。

(3)「トムに会えばアキとケンは喜ぶでしょう」「アキとケンはトムに会って喜ぶでしょう」

35

「トムに会うこと」はアキとケンがよろこぶ原因［理由］になるはず。〈be＋感情を表す形容詞＋to～〉を用いる。

(4)「今度の日曜日にバーベキューパーティーをしましょう」→「今度の日曜日にバーベキューパーティーをするのはどうですか」Let's ～「～しましょう」の文を How about -ing?「～するのはどうですか？」と同じ「提案」を表す文で書きかえる。

③ (1) It is ... to ～「～することは…だ」の文。不定詞の意味上の主語は〈for＋人（～）〉の形で to の直前に置かれる。

(2)「…に～するように頼む」から、〈ask＋人＋to ～〉を使う。「（人）に（もの）を買う」は〈buy＋人＋もの〉または〈buy＋もの＋for＋人〉。ここでは for があるので、buy a personal computer for me とする。

(3)〈疑問詞 what＋to ～〉で「何を～したらよいか」。buy は後ろに目的語の「もの」が続くとその後が〈for＋人（～）〉となることに注意する。

(4)「どこを～したらよいか」は where to ～ なので、「神戸でどこを訪れたらよいか」は where to visit in Kobe とする。これを〈tell＋人＋もの〉の「もの」の位置に置けば完成。

④ (1)〈形容詞（副詞）＋enough to ～〉の語順で「親切にも～してくれた」を表す。
... enough to ～ は本来「～してくれるほど…」と「程度」を表す不定詞の用法。

(2) look forward to -ing「～するのを楽しみに待つ」。to は不定詞ではなく前置詞なので動名詞 going となることに注意。ミスが最も出やすい語句なのでしっかり覚える。

(3)〈which＋名詞（…）＋to ～〉「どちらの…を～したらよいのか」。how to ～ や where to ～ と同じ〈疑問詞＋to ～〉の用法だが、疑問詞が which や what のときには疑問詞の直後に名詞が続くことがよくあるので注意。

⑤ (1) be good at -ing「するのが得意だ［上手だ］」。ski → skiing

(2)「理科を勉強することは私にとっておもしろいです」動名詞 Studying「勉強すること」を主語とする文の It is…to ～ への書きかえ。for me は to の直前。

(3) 直接話されている会話体の文を〈ask＋…＋to ～〉「…に～するように頼む」の形で間接的にいいかえる文。会話文の中にある me は Ken のことなので to help him となることに注意。

(4)〈so ... that ＿ cannot〉は〈too ... to ～〉で書きかえられる。

⑥ (1)「～することは一にとって…です」は It ... for ＿ to ～ で表すことができる。動名詞 reading books を主語にした文でも同じ意味になる。

(2) be fond of -ing「～するのを好む」。動詞「釣りをする」は名詞の「魚」fish と同じ。ここでは前置詞 of の目的語なので動名詞 fishing となる。

⑦ (1) 動詞は didn't have。その主語または目的語になるのは much money, this town, their lives のいずれかだが、文脈から考えて this town didn't have much money とするのが自然。残った their lives, to, make は空所のあとの形容詞 much better に着目し、to make their lives much better「自分たちの生活をよりよくするために」とする。

(2) 語群の中に waiting と for があり、wait for ～ で「～を待つ」になること、また待つ対象となる語としてふさわしいのは trains しかないことから waiting for trains となる。これが主語になるので、そのあとに (waiting for trains) was hard とつなげる。（　　）の次には people があることから、「～にとって」の意味の for をつなげると、waiting for trains was hard for ... となる。

(3) It ... to ～ の文。library building「図書館」（建物自体を指す）

(4)〈ask＋目的語＋to ～〉の文。all over the country は people を修飾しており、全体で asked の目的語になっている。to ～ 以下は〈give＋もの＋to＋人〉の表現が使われており、「もの」にあたるのが used books「使われた本、古本」、「人」にあたるのが the town hall「市庁舎」。

（全訳）日本の北部に小さな町があった。たった7,000人しかそこに住んでいなかった。この町は、自分たちの生活をよりよくするためのお金があまりなかった。市庁舎で働いている人もあまり多くなかった。しかし、彼らは町の生活をよくするために、休日もなく、とても一生懸命に働いた。町の人々は彼らにとても感謝していたので、ボランティア活動を通じて市庁舎を助けた。例えば、人々にとって電車を待つのは大変なことだったので、駅にいすをつくる人もいた。町のみんなが自分たちの町のためにいっしょになって働いた。

　この町には、とても小さな図書館があり、本はあまり置いていなかった。町の人々は大きな図書館を

ほしがった。彼らは図書館の建設にはとても多くの費用がかかることを知っていた。彼らはまた，市役所には図書館を建てるだけのお金がないことも知っていた。町にはある古い建物があった。それは40年前に建てられたものだった。そこで，市庁舎で働いている人々は，それを町の図書館として利用することにした。彼らは，全国の人々に中古の本を市庁舎にくれるように頼んだ。そして市庁舎は，図書館に必要なたくさんの本を得た。町の人々もまた，図書館をつくるために市庁舎を助けた。例えば，彼らはその古い建物をきれいにし，本を並べた。多くの古本と町の人々の助けのおかげで，町は大きな新しい図書館を手に入れた。多くの人々のこうした小さな努力が，町の図書館をつくりだしたのだ。

14 比較

1 (1) **younger, youngest**
(2) **easier, easiest**
(3) **bigger, biggest** (4) **better, best**
(5) **more difficult, most difficult**

解説 (4) well は不規則変化する。good の変化も同じ。
(5) 3音節以上の単語には **more, most** をつける。

2 (1) **best** (2) **colder**
(3) **prettiest**

解説 (1)「彼は私たちのバスケットボールチームで最も上手な選手です」
カッコの前の **the** に着目し，最上級にする。
(2)「昨日は今日よりも寒かったです」
カッコのあとの **than** に着目し，比較級にする。
(3)「この人形は5つの中でいちばんかわいいです」
カッコの前の **the** とあとの **of the five** に着目し，最上級にする。

3 (1) **I am as old as Tom.**
(2) **spring the best of the four seasons**
(3) **Run as fast as possible.**
(4) **Mike is three years younger than my mother.**

解説 (1)「〜と同じくらい…」は〈as＋原級＋as〉を

用いる。
(2)「〜がいちばん好きです」は like 〜 the best，「〜の中で」は **of the 〜** で表す。ここでは「四季[4つの季節]の中で」なので of the four seasons とする。
(3)「できるだけ速く」は **as fast as possible** で表す。
(4) 比較する人やものの差を具体的に表すときは〈差を表す語句＋比較級＋than 〜〉を使う。

4 (1) **younger** (2) **taller than**
(3) **higher than any** (4) **difficult**

解説 比較の文の書きかえでは主語が入れ替わることが多い。肯定文を否定文にしたり，反意語を用いたりすることをまず考える。
(1)「ジムはアンディよりも年上です」「アンディはジムよりも年下です」
「アンディ」が主語になっているので，older の反意語 younger を入れる。
(2)「ケイトは私の姉[妹]ほど背が高くありません」「私の姉[妹]はケイトよりも背が高いです」
「ケイトは私の姉[妹]ほど背が高くない」ということは「私の姉[妹]はケイトよりも背が高い」ということ。
(3)「エベレストは世界で最も高い山です」「エベレストは世界のほかのどの山よりも高いです」
〈比較級＋than any other＋単数名詞〉で最上級と同じ内容を表す。
(4)「この本はあの本よりも簡単です」「あの本はこの本よりも難しいです」
「あの本」が主語になっているので，easier の反意語 more difficult を使う。

5 (1) **warmer, warmer** (2) **much**
(3) **of the most** (4) **six times, old**
(5) **Which, better, or**

解説 (1)「だんだん〜」は〈比較級＋and＋比較級〉で表す。
(2) 空所に入るのは「はるかに」の部分。比較級を強調するときは **much** を用いる。
(3)「最も〜な…の1つ」は〈one of the＋最上級＋複数名詞〉で表す。
(4)「…の—倍〜」は〈— times as＋原級＋as …〉で表す。
(5)「AとBではどちらが好きですか」は Which do you like better, A or B? で表す。

1 (1) イ (2) ア (3) ウ (4) ウ (5) ア (6) ア

解説 (1)「タロウは家族の中で最も若いです」

空所の前が最上級，空所のあとが all the members になっている点に着目し，「〜の中で」の意味の **of** を選ぶ。

(2)「私の母は私の父よりも3歳年上(とし)です」

比較級の文で，空所のあとは three years という具体的な数字がきていることに着目し，「差」を表す **by**（〜だけ）を使う。「差」を表す by は比較級以外の文でもよく用いられる。

(3)「マリアはサリーよりも上手にスキーができます」

空所のあとの **than** に着目し，**better** を入れる。

(4)「ワシントン D.C. はアメリカで最も重要な都市の1つです」

空所の前の **one of the** とあとの **important cities** に着目し，**most** を入れる。

(5)「クジラほど大きい動物はほかにいません」

空所の前の so とあとの as に着目し，〈**so[as]＋原級＋as**〉の形にする。

(6) A「今日，駅であなたの弟さんに会いましたよ。あんなに背が高いなんて知りませんでした」B「そうですね，彼が中学生のころは私の父よりも背が低かったんです。でも今では私の父と同じくらい背が高いんです！」

空所を含む文の前の「中学生のころは私の父よりも背が低かったんです。でも…」という内容から，「今は私の父と同じくらい背が高い」という意味の文が続くはず。

2 (1) **younger than** (2) **as big as**
(3) **the biggest** (4) **worse than**
(5) **younger** (6) **shorter than**

解説 (1)「ヨシアキはアキコよりも年上です」「アキコはヨシアキよりも年下です」

書きかえた文は Akiko が主語になっているので，older の反意語 **younger** を使う。

(2)「あなたの学校は私たちの学校よりも大きいです」「私たちの学校はあなたの学校ほど大きくありません」

書きかえた文は Our school が主語の否定文になっている。「…ほど〜でない」は〈**not as＋原級＋as …**〉で表す。

(3)「私はそのような大きな犬を見たことがありません」「これは私が今まで見た中で最も大きな犬です」

「そんなに大きい犬は見たことがない」ということは「その犬がいちばん大きい」ということ。最上級を用いて **the biggest (dog)** とする。なお，I have ever seen は the biggest dog を修飾している（くわしくは本冊 p.116 参照）。

(4)「その歌手はコンテスト参加者の中で最も下手でした」「その歌手はほかのどのコンテスト参加者よりも下手でした」

worst は bad の最上級。書きかえる文は空所のあとが〈**any other＋単数名詞**〉になっているので，worse than を入れると同じ最上級の意味になる。

(5)「私の父は45歳です。私の母は43歳です」「私の母は私の父よりも2歳若いです」

「父が45歳，母が43歳」ということは「母が父より2歳若い」ということ。〈**差を表す数字＋比較級＋than**〉を用いる。

(6)「この橋はあの橋ほど長くありません」「この橋はあの橋よりも短いです」

主語は同じ。not as long as を2語で表すには **shorter than** とすればいい。

3 (1) **four times as large as**
(2) **What color do you like the best?**
(3) **one of the most beautiful mountains in**
(4) **I don't go to school as early as Maki.**
(5) **Which is the most colorful of the**

解説 (1) 倍数を表すには〈— **times as＋原級＋as …**〉を使う。

(2)「〜がいちばん好きである」は like 〜 the best。この「〜」を疑問詞 what を使ってたずねる疑問文にする。「何色が〜？」なので **What color** で始め do you like the best と続ける。how と are you は不要。

(3)「最も〜な…の1つ」は〈**one of the＋最上級＋複数名詞**〉。

(4)「…ほど〜しない」なので，〈**as＋原級＋as**〉の否定文。

(5)「…の中でいちばん〜」は〈**the＋最上級＋of＋複数のもの**〉で表す。疑問文なので which を文頭に置く。

4 (1) **older** (2) **bigger[larger], his**
(3) **most interesting**
(4) **Which[What], newest, of**

(5) **much older**　(6) **not so[as]**
(7) **harder, any**

解説 (1)「どちらが〜ですか」なので比較級を用いた疑問文になる。ここでは人についてたずねているので疑問詞は who が使われている。
(2)「彼の部屋より大きい」は bigger than his room だが，room のくり返しをさけるため，than のあとは「彼のもの」の意味の所有代名詞 his を入れる。
(3)「こんなおもしろい話は聞いたことがありません」は「今まででいちばんおもしろい話」だと考えて最上級を用いる。
(4)「どれがいちばん新しい自転車ですか」は new の最上級を用いて Which[What] is the newest bike? となる。「すべての中で」は of all。
(5)「ずっと」に着目し，比較級を強める much を用いて **much older** を入れる。
(6)「…ほど〜ではない」に着目し，〈**not so[as]**＋原級＋**as ...**〉の形にする。
(7) 日本文の「どの生徒よりも〜」と than や other に着目し，〈比較級＋**than any other**＋単数名詞〉の形にする。

15 いろいろな文

p.106〜107　基礎問題の答え

1 (1) エ　(2) イ　(3) ア

解説 There is[are] 〜 の否定文は There is[are] not，疑問文は Is[Are] there 〜? になる。
(1)「池の近くには鳥がまったくいません」
(2)「その庭には何本の花がありますか」
(3)「駅の近くに喫茶店はありますか」

2 (1) エ　(2) ア　(3) ア

解説 感嘆文は〈**What a[an]**＋形容詞＋名詞＋主語＋動詞〜!〉または〈**How**＋形容詞[副詞]＋主語＋動詞〜!〉で表す。
(1)「その少女はなんて親切なのだろう！」
(2)「これはなんて高い建物なのだろう！」
(3)「彼はなんて速く走ることができるのだろう！」

3 (1) **Be kind**　(2) **Don't make**
(3) **wash the dishes**

解説 (1)「お年寄りには親切にしなければなりませ

ん」「お年寄りには親切にしなさい」
must の文は命令文で書きかえられる。
(2)「ここで騒がしくしてはいけません」
must not（禁止）の文は否定の命令文で書きかえられる。
(3)「お皿を洗ってくれませんか」「どうかお皿を洗ってください」
Will you 〜?（依頼）の文は **Please** を使った命令文で書きかえられる。

4 (1) **who, is**　(2) **why, said**

解説 (1)「あなたはあの女性がだれだか知っていますか」という意味の間接疑問で表す。間接疑問の文中の語順は〈疑問詞＋主語＋動詞〜〉。この文の文中の主語は that woman「あの女性」なので is はその後ろに置く。
(2)「私はトムがなぜそのようなことをいったのかわかりません」という意味になるように I don't know の後ろを間接疑問〈疑問詞＋主語＋動詞〜〉の語順で表す。問いにある過去形の疑問文を示す did から間接疑問中の動詞 say「言う」は過去形の said となる。**such a thing**「そのようなこと」。

5 (1) **me, for**　(2) **made, me**

解説 (1)「私の母は私にかわいい人形を買ってくれました」
bought は buy「〜を買う」の過去形。**buy** の用法は〈**buy**＋人＋もの〉または〈**buy**＋もの＋**for**＋人〉で「（人）に（もの）を買う」。
(2)「その知らせが私をうれしくさせた」と考え，〈**make**＋人（A）＋形容詞（B）〉の語順で表す。

6 (1) **She looks very young**
(2) **My friends call me Jimmy.**
(3) **Tom knows that I like soccer.**

解説 (1) 主語は She，動詞は looks しかない。〈**look**＋形容詞〉で「〜のように見える」。
(2)「〜を…と呼びます」と語群の call から，〈**call**＋人＋呼び名〉の文をつくる。なお，Jimmy は James という名前の愛称として使われる。
(3) that とそのあとに続く文が動詞 knows「知っている」の目的語（「〜ということを」）で，1つの名詞の働きをしている。接続詞の後ろはどんな接続詞であっても〈主語＋動詞〜.〉と，文が続くことを確認しよう。

1 (1) ウ　(2) イ　(3) ア　(4) ア　(5) ア　(6) ウ

解説 (1)「だれがこんなにおいしそうに見えるケーキを私たちにつくってくれたのでしょう」

〈make＋人（〜）＋もの（…）〉の語順なので we「私たちは」の目的格「私たちに」で表す。

(2)「あなたの辞書を貸してくれませんか。今日は自分のを家に置いてきてしまったのです」

空所のあとに目的語が2つある。目的語を2つとれるのは lend。

(3)「誕生日にあなたに CD プレーヤーをあげましょう」

give は目的語を2つとることができる。〈give＋人＋もの〉の順。

(4)「ナンシーは料理が大好きで，彼女はいつも台所をきれいに保っています」

空所のあとが〈名詞＋形容詞〉になっている点に着目する。〈keep＋名詞＋形容詞〉で「〜を…の状態にしておく」。

(5)「私たちはこの白い犬をポチと呼びます」

空所のあとが〈名詞＋名詞〉になっている点に着目する。〈call＋名詞＋名詞〉で「〜を…と呼ぶ」。

(6)「私にあなたの家族の写真を見せてください」

空所のあとに目的語が2つある。目的語を2つとれるのは show。

2 (1) to me　(2) Be　(3) There
(4) made her　(5) where, lives
(6) when, born

解説 (1)「私の父は私に話をしてくれました」

〈tell＋人＋話〉は〈tell＋話＋to＋人〉に書きかえられる。

(2)「みんなに親切にしなければなりません」「みんなに親切にしなさい」

have [has] to 〜 や must を使った文は命令文で書きかえられる。

(3)「1か月は30日または31日あります」

「月が持っている」とは「月には〜ある」ということ。

(4)「彼女はそのニュースを聞いたとき，幸せになりました」「そのニュースが彼女を幸せにしました」

The news が主語になっている点に着目する。「ニュースを聞いて幸せになった」ということは「ニュースが彼女を幸せにした」ということ。〈make＋人＋形容詞〉を使う。

(5)「彼女の住所」という名詞表現を「彼女がどこに住んでいるか」という間接疑問を用いた動詞表現にかえて表す。間接疑問は〈疑問詞＋主語＋動詞〉の語順。

(6)「あなたの誕生日」を「あなたがいつ生まれた」を意味する間接疑問の形で表す。be born「生まれる」

3 (1) why, did　(2) sent me
(3) named it　(4) that, won

解説 (1)〈why「なぜ」＋主語＋動詞（〜）〉の間接疑問。do「する」の過去形は did。

(2)「〜に…を送ってくれた」から send を使った文にする。send の用法は〈send＋人＋もの〉または〈send＋もの＋to＋人〉。

(3)「〜を…と名づけた」から，name を使った文にする。

(4)「〜してうれしい」を be happy that 〜 で表す。that は接続詞なので後ろに〈主語＋動詞〜〉で続ける。win「勝つ」は win - won - won と変化する。won [wʌn] の発音に注意。

4 (1) How many people are there in this city?
(2) There are no clouds in
(3) What a difficult problem this is!
(4) was very sad and made us cry

解説 (1) 人数をたずねているので How many 〜? を使う。there が語群にあることから，疑問詞を使った there is [are] 構文の疑問文にする。

(2)「ひとつもない」は〈no＋名詞〉。there が語群にあることから，there is [are] 構文を用いる。

(3) 日本文から感嘆文になると判断できる。how を使うと a と what があまってしまうので，What a で始めて，続きを〈形容詞＋名詞＋主語＋動詞〜!〉の順で並べる。how が不要。

(4) 日本文を「その映画はとても悲しかった」「（その映画は）私たちの涙を誘った」と分けて考え，両者を and で結びつけるとよい。「映画が涙を誘った」とは「映画が私たちを泣かせた」ということなので，made us cry とする。

5 (1) How well his brother speaks English!
(2) I'm [I am] sorry that I can't [cannot] speak English well.

解説 (1)「なんて…だろう」から感嘆文をつくる。「彼の兄は上手に英語を話す」は His brother speaks English well. と表せるので，この well を生かして **How 〜!** の感嘆文にする。なお，what を用いる場合は What a good English speaker his brother is! となる。

(2)「感情」を表す形容詞の後ろに that 〜 が続くと **that 〜** はその感情の原因・理由を説明する副詞的な意味「〜して」を表す。I'm sorry that 〜「〜して残念だ」。

16 名詞を後ろから修飾する語句

1 (1) ア (2) ウ (3) イ (4) エ (5) イ

解説 (1)「写真に写っている」のだから前置詞は in「〜の中に [の]」が適当。in this picture「この写真に写っている」は主語の男の子を後ろから修飾している。

(2)「山の上にかかる月」。この「〜の上は」は「接触」を表す on ではなく **over** が適当。

(3)「オーストラリア出身の先生は私たちにとても人気がある」主語が teachers と複数形であることに注意。

(4) どのような友だちかを後ろから説明する**不定詞の形容詞用法**。with が残るのは「いっしょに勉強する友だち」だからである。

(5) 事柄やものを表す名詞 something は後ろに形容詞が続く代名詞。**something hot**「何か温かいもの」でひとかたまりの名詞。その名詞をさらに後ろから不定詞が修飾する＝不定詞の形容詞的用法。

2 (1) 壊れたラジオ (2) 寝ているネコ
(3) 日本製のテレビゲーム
(4) その小説家によって書かれた本

解説 (1) **broken** は **break** の過去分詞で「壊れた」。

(2) **sleeping** は **sleep** の現在分詞で「寝ている」。

(3) **made** は **make** の過去分詞で made in Japan「日本でつくられた [日本製の]」が video games を修飾している。

(4) **written** は **write** の過去分詞で，written by the novelist「その小説家によって書かれた」が the books を修飾している。

3 (1) エ (2) ウ

解説 (1)「短い茶色の髪をした先生」。「所有」を表す **with**「〜を持った」が後ろから名詞の teacher「先生」を修飾している。

(3)「太宰治によって書かれた本」。written 〜 が先に出した名詞 books を後ろから修飾している。

4 (1) **boiling** (2) **built** (3) **spoken**
(4) **standing** (5) **fried**

解説 (1)「〜している」は**現在分詞**。後ろの名詞を直接修飾する用法。

(2)「〜を建設する」は build。the temple「寺」と build は受け身の関係なので **built** とする。

(3) language「言語 [言葉]」を後ろから修飾する過去分詞の用法。

(4)「立つ」は stand。The man「男性」と stand は能動の関係なので現在分詞にする。

(5) (f) eggs で「目玉焼き」の意味をつくる。f で始まる調理に関する表現に **fry**「〜を油でいためる」がある。その過去分詞 fried を使えば fried eggs「目玉焼き」となる。fried rice「チャーハン」や fried noodles「焼きそば」も覚えておこう。

5 (1) 私は昨日その宿題を終える十分な時間がありませんでした。
(2) その建物の上を飛んでいる飛行機
(3) 電話で話している男性

解説 (1) **enough time**「十分な時間」を不定詞が後ろから修飾する不定詞の形容詞的用法。

(2) flying above the building が the airplane を修飾している。

(3) talking on the phone が the man を修飾している。

1 (1) エ (2) イ (3) ウ (4) ア (5) イ (6) エ

解説 (1)「その動物園のパンダ」が主語となっている受け身〈be 動詞＋過去分詞〉の文。複数形 pandas と過去を表す three years ago「3年前」から be 動詞は were となる。「その動物園のパンダは3年前に中国から日本に連れてこられました」

(2)「主語」は「私に対するボブの態度」。every day「毎日」とあるので選択肢の中から change「かわる」の現在形を選ぶ。attitude「態度」が単数形なので -s のついた3人称単数現在形が正解。「私に対するボブの態度は毎日かわります」

(3) to remember が the important thing「大切なこと」の thing「こと[もの]」を後ろから修飾する不定詞の形容詞的用法。for you は to ～ の意味上の主語となる。「あなたが覚えておくべき重要なことは全力を尽くすことです」。Do one's best「全力を尽くす」。

(4) to study ～ が chance「機会」を後ろから修飾する不定詞の形容詞用法。「あなたにはいつか海外留学する別の機会があるでしょう」。abroad「海外で[へ]」，some day「いつか」

(5) The boy を後ろから分詞が修飾する。「私の先生と話している男の子はボブの息子です」。「話している」を現在分詞で表す。

(6) the pictures を後ろから分詞で修飾する。「これらは私の兄[弟]によってとられた写真です」。take「とる」を過去分詞で表す。

2 (1) **Smiling** (2) **used**
　　(3) **reading** (4) **covered**

解説 (1)「微笑(ほほえ)んでいる顔が私たちに幸福をもたらす」smiling が faces「顔」を直接前から修飾する現在分詞の形容詞的用法。

(2)「私は使用済みの切手を集めるのが大好きです」stamps「切手」と use は受け身の関係。過去分詞にする。

(3)「部屋で本を読んでいるその男性は私の父です」The man と read は能動の関係。現在分詞にする。

(4)「私は雪で覆(おお)われたその山の写真をとりました」that mountain と cover は受け身の関係。過去分詞にする。

3 (1) **nothing to** (2) **time to**
　　(3) **given, by**

解説 (1)「何も食べたくなかった」を「何も食べ物はほしくなかった」という意味にして書きかえる。not ～ anything から something to eat「食べ物」を何もほしくないと強く否定するには nothing を用いる。not ～ any ... は no ... で「少しも～でない」と同様の意味となることを確認する。

(2)「あなたに電話をかけられなかった」を「あなたに電話をする時間がなかった」といいかえる。「～する時間」は不定詞が time「時間」を後ろから修飾する不定詞の形容詞的用法。

(3)「伊藤先生から私に出された宿題」。homework「宿題」を過去分詞が後ろから修飾する。give は give - gave - given と変化する。Ms. Ito の前には by「～によって」を入れて表す。

4 (1) **taken by him is on the wall**
　(2) **He is one of the guests invited to the party.**
　(3) **built a new baseball stadium used by a lot of young players**
　(4) **is the man having lunch at the next table**
　(5) **the beautiful view seen from the windows of the hotel**
　(6) **They spoke to a boy lying on the grass in**
　(7) **checking the broken car driven by**

解説 (1)「彼がとった写真が／壁(かべ)にかかっています」と考える。「彼がとった写真」は him を補って (The picture) taken by him とする。「壁にかかっています」は〈be 動詞＋場所の表現〉を使って is on the wall とする。

(2)「彼は客の1人です／パーティーに招待された (客)」と考える。「彼は客の1人です」は He is one of the guests，「パーティーに招待された (客)」は (the guests) invited to the party とする。

(3) 語群に by，used などがあるので，「市長は新しい野球場を建てました／多くの若い選手によって使われる (野球場)」と考える。「市長は新しい野球場を建てました」は (The mayor) built a new baseball stadium，「多くの若い選手によって使われる (野球場)」は (baseball stadium) used by a lot of young players とする。

(4)「私のおじは男性です／隣(となり)のテーブルで昼食を食べている (男性)」と考える。「私のおじは男性です」は My uncle is the man，「隣のテーブルで昼食を食べている (男性)」は (the man) having lunch at the next table とする。

(5) 「美しい眺め」は見られるものなので，**過去分詞 seen** を用いて **view**「眺め」を後ろから修飾する。seeing が不要。

(6) 「彼らは男の子に話しかけました／芝生の上に寝そべっている（男の子）／公園の」と考える。「彼らは男の子に話しかけました」は **They spoke to a boy**，「芝生の上に寝そべっている（男の子）」は「寝そべる」を意味する lie の現在分詞 **lying** を補って **(a boy) lying on the grass** とする。最後に「公園の」を **in (the park)** とすれば完成。

(7) 「警察は故障車を調べています／10代の若者が運転していた（故障車）」と考える。「**故障車**」は語群に broken があるので，**the broken car** とする。「警察は故障車を調べています」は **(The police are) checking the broken car**，「10代の若者が運転していた（故障車）」は **(the broken car) driven by (the teenager)** となる。

5 **me to look for a book written**

解説 A「あなたのお兄さん［弟さん］は何ていったのですか」B「彼は私に簡単な英語で書かれた本をさがすように頼みました」
すでに与えられている ask の用法を手がかりにする。〈ask＋人＋to ～〉の順に並べてみると，(He asked) me to look for まで並べることができる。**look for ～** は「～をさがす」という意味なので，その目的語はここでは a book のはず。残った has, wrote, written のうち，**written** を選び，**written (in easy English)** が a book を修飾する形にすれば完成。has と wrote が不要。

17 関係代名詞

1 (1) **who** (2) **which** (3) **which** (4) **who**

解説 (1) 「こちらはピアノをとても上手に弾ける女の子です」
先行詞が〈人〉の場合，主格の関係代名詞は **who**。
(2) 「私は，短いしっぽを持ったネコを飼っています」
先行詞は cat。〈人以外〉が先行詞の場合の関係代名詞は **which**。
(3) 「メアリーから送られてきた動画はおもしろかったです」

先行詞は video。〈人以外〉が先行詞の場合，**主格の関係代名詞は which**。
(4) 「今歌っている女の子は，私の友だちです」
先行詞は girl。先行詞が〈人〉の場合，主格の関係代名詞は **who**。

2 (1) ウ (2) イ (3) ア

解説 (1) 「あれは，私が昨日会ったカナダの人です」
先行詞の Canadian は I met の目的語にあたるので，**目的格の関係代名詞 that** を用いる。
(2) 「私には，お母さんが科学者の友だちがいます」
空所のあとは「母は科学者である」という内容。所有格の関係代名詞 **whose** を用いてだれの母かがわかるようにすれば，意味の通る文になる。
(3) 「彼女がその店で見つけた花はとてもすてきでした」
先行詞の flower は関係代名詞に続く部分 she found の目的語にあたるので，目的格の関係代名詞を用いる。〈人以外〉の先行詞には **which** を用いる。

3 (1) **Yuki likes the hat which[that] she bought in Kobe.**
(2) **That is the woman whose cat always comes into our garden.**
(3) **The soccer game which[that] he watched on TV was very exciting.**
(4) **Kate is a famous actor who [that] can both sing and dance.**
(5) **This is the flower whose name I know.**

解説 関係代名詞を使って2文を1文にするときは，2文に共通する名詞をさがし，それを〈先行詞＋関係代名詞〉にして一方の文をもう一方の文につなげる。
(1) 「ユキはそのぼうしを気に入っています。彼女はそれを神戸で買いました」「ユキは神戸で買ったぼうしを気に入っています」
両方の文に共通しているのは the hat と it。it を関係代名詞 **which[that]** にかえ，**the hat** を修飾する形にする。
(2) 「あれがその女性です。彼女のネコはいつもうちの庭に入ってきます」「あれが，自分のネコがいつもうちの庭に入ってくる女性です」
両方の文に共通しているのは the woman と Her。**Her** を所有格の関係代名詞 **whose** にかえ，**the woman** を修飾する形にする。

(3)「そのサッカーの試合はとてもわくわくするもの
でした。彼はそれをテレビで見ました」「彼がテレ
ビで見たサッカーの試合はとてもわくわくするもの
でした」

両方の文に共通しているのは The soccer game と
it。**it を which[that] にかえ，The soccer
game を修飾する形にする。**

(4)「ケイトは有名な俳優です。彼女は歌って踊れま
す」「ケイトは歌って踊れる有名な俳優です」

関係代名詞を固有名詞（ここでは Kate）のあとに
続けることはできないので注意。actor に関係代名
詞を続ける。actor にあたる語は **she** なので，こ
れを主格の関係代名詞 **who** にかえ，**actress を
修飾する形にする。**

(5)「これは花です。私はその名前を知っています」
「これは私が名前を知っている花です」

２文目の its は the flower's ということ。**its を関
係代名詞 whose にかえ，whose name I
know が the flower を修飾する形にする。**

4 (1) **whose name**
　　(2) **which[that], bought[got]**
　　(3) **only, that**
　　(4) **that I**
　　(5) **who[that] is**

解説 日本文から，関係代名詞の文であることを見抜
き，適切な関係代名詞を考える。

(1)「彼女はネコを飼っていた」+「その名前はアイ
コ」なので，**所有格の関係代名詞 whose** を用いて，
whose name とする。

(2)「その着物はとてもすてきだ」+「その着物を祖
母が買った」なので，関係代名詞 **which[that]**
で結ぶ。文の主語に which[that] 以下の説明が入
る形に注意。

(3)「ケンジはただ１人の生徒だった」+「彼は学校
に遅れた」なので，関係代名詞は who だと考えら
れるが，「ただ１人の」に注意。「ただ１人の」を意
味する **only** や，形容詞の最上級，**the first**，
the last，**all**，**every** などが先行詞につくと，
関係代名詞は **who** ではなく **that** を使うのがふつ
う。

(4)「ポチは犬です」+「それを私は大好きだ」なの
で，**目的格の that** で結ぶ。目的格の関係代名詞は
省略されることが多い。

(5)「その少年はエドの弟だ」+「彼は向こうでギ

ターを弾いている」なので，**主格の関係代名詞
who[that]** を使って who[that] is とする。

5 (1) **学生だったときに使った**
　　(2) **人々の（うちの）何人かは**
　　(3) **私が兄[弟]の誕生日に買うつもりの**

解説 (1) the desk which my mother used で「私
の母が使った机」，when she was a student は
「彼女が学生だったときに」という意味。

(2) Some of the people that my aunt invited to
the party までが主語で「私のおばがパーティーに
招待した人々の（うち）何人かは」という意味。

(3) 目的格の関係代名詞 which[that] が省略され
ていることに注意。文の補語である the digital
camera を I'm going to buy for my brother's
birthday「兄[弟]の誕生日に買うつもりである」
が修飾している。

p.120～123 標準問題の答え

1 (1) ア　(2) ア　(3) ア　(4) イ
　　(5) イ　(6) エ　(7) ウ

解説 (1)「トムのお父さんはしょっちゅう故障する車
を持っています」

car は〈人以外〉の先行詞なので **which**。

(2)「向こうで走っている女の子と犬をごらんなさい」
〈人＋人以外〉が先行詞の場合の関係代名詞は **that**。

(3)「彼は，僕が高校で友だちになった最初の生徒で
す」

先行詞に，形容詞の最上級，**the first**，**the last**，
all，**the only**，**every** などがつくと，関係代名
詞は **that** を使うことが多い。

(4)「彼は，私たちが誇りに思っている生徒です」
先行詞は student で〈人〉。**be proud of ～「～
を誇りに思う」**の of の目的語にあたるので，**that**
を選ぶ。

(5)「私は，人々がとても親切な町に行きました」
空所以下の部分に欠けている要素がない。そこで
whose を選ぶと，**the town's people were
very kind** という内容になり，意味が通る。

(6)「私のおばよりも歌を上手に歌える人を知ってい
ますか」

先行詞は the person で〈人〉。空所以下の部分の主
語にあたるので，**who** を選ぶ。

(7)「このテストには，私が解き方のわかる問題がた
くさんあるのでうれしいです」

先行詞の questions は〈人以外〉なので**関係代名詞**は **which**。solve の目的語にあたる。

2 (1) **who [that] is fond**
(2) **is one of the countries**
(3) **that, have ever** (4) **on which**
(5) **that we have**

解説 (1)「私には友だち（＝美術が好きな友だち）がいます」と考える。「好きな」は空所のあとに of があるので **be fond of ～** を使う。
(2)「フランスは国（＝私が行ってみたい国）のうちの１つです」と考える。「～のうちの１つ」は〈**one of the＋複数名詞**〉で表す。
(3)「これはいちばん長い橋（＝私が今までに渡った橋）です」と考える。「今までに～した」は **ever** を使って現在完了で表す。
(4)「地球（＝私たちの住んでいる地球）は太陽から３番目にあたる惑星（わくせい）です」と考える。「地球に住む」は live <u>on</u> the earth だが，英文には on がない。そこで関係代名詞の前にこの **on** を置き，**on which** とする。
(5)「今年は最も寒い冬（＝私たちがこの10年間で経験した冬）です」と考える。**先行詞になる winter を最上級の the coldest が修飾しているので関係代名詞は that を使う。**「この10年間で経験した」は「経験」の現在完了で表すことができる。

3 (1) **is a teacher who comes from China**
(2) **Look at the cat which is sleeping**
(3) **which Tom gave me yesterday**
(4) **The church that you are looking for is**
(5) **This is the tennis racket that he uses**
(6) **boy whose parents work in a foreign country**
(7) **There are few children who don't like**

解説 (1)「彼女は先生（＝中国出身の先生）です」と考える。
(2)「ネコ（＝箱の中で眠っているネコ）を見てください」と考える。
(3)「本（＝昨日トムが私にくれた本）はとてもおもしろい」と考える。

(4)「教会（＝きみがさがしている教会）はあの丘の上にあります」と考える。「～をさがす」は **look for ～**。この for の目的語にあたる the church を先行詞にした関係代名詞の文にする。it が不要。
(5)「これがテニスラケット（＝彼が毎日使っているテニスラケット）です」と考える。
(6)「私はその男の子（＝両親が外国で働いている男の子）を知りません」と考える。「両親」は「男の子の両親」のことなので，**所有格の関係代名詞を使い，whose parents work ... が that boy を修飾する形にする。**
(7)「子ども（＝テレビが好きでない子ども）はほとんどいません」と考える。there があるので There are few children「子どもはほとんどいない」とし，関係代名詞以下を続ける。

4 (1) **They are the old couple who [that] live near my house.**
(2) **Have you ever seen a car which [that] was made in India?**
(3) **The magazine (which [that]) you lent me yesterday is very interesting.**

解説 (1)「彼らがその老夫婦です。彼らは私の家の近くに住んでいます」→「彼らは私の家の近くに住んでいる老夫婦です」
２文に共通するのは the old couple と They。**They を who [that] にかえて，the old couple を先行詞にする。** couple が「２人」を指すときは複数として扱う。
(2)「ある車を見たことがありますか。それはインドで作られました」→「インドで作られた車を見たことがありますか」
２文に共通するのは a car と It。**It を which [that] にかえ，a car を先行詞にする。**
(3)「その雑誌はとてもおもしろいです。あなたがそれを私に昨日貸してくれました」→「あなたが私に昨日貸してくれた雑誌はとてもおもしろいです」
２文に共通するのは The magazine と it。**it を which [that] にかえ，The magazine を先行詞にする。** この which [that] は目的格なので省略可能。

5 (1) **who[that] is**　(2) **who[that] live**
　　(3) **which[that] has**
　　(4) **which[that]**
　　(5) **my sister drew**

解説 (1)「私はその少年が好きです。彼は公園で彼の
お兄さん [弟さん] とサッカーをしています」→「私
は，お兄さん [弟さん] と公園でサッカーをしてい
る男の子が好きです」
2文に共通するのは the boy と He なので，**He を
who[that]** にかえ，**the boy** を先行詞にする。
(2)「数人の生徒は私たちの学校からとても遠い場所
に住んでいます」→「私たちの学校には，学校から
とても遠くに住んでいる生徒が何人かいます」
Our school が主語になっているので，「学校には
何人かの生徒 (＝学校からとても遠い場所に住んで
いる生徒) がいる」と考える。
(3)「この本にはたくさんのさし絵があります」
This is a book で始まる文になっているので，「こ
れは本 (＝さし絵がたくさんある本) です」と考え
る。「～がある」は動詞 **have** で表す。ここでは先
行詞の **a book** が主語にあたるので **has** とする。
(4)「私は青いゆかたを持っています。母がそれを作
りました」→「私は母が作ってくれた青いゆかたを
持っています」
2文に共通するのは *yukata* と it。**it を which
[that]** にかえ，*yukata* を先行詞にする。
(5)「これは私の姉 [妹] によって昨年かかれた絵で
す」→「これは私の姉 [妹] が昨年かいた絵です」
a picture drawn by my sister last year は a
picture which was drawn by my sister last
year と書きかえることができるが，空所の数が合
わない。そこで **which** 以下を能動態にし，さらに
目的格の関係代名詞を省略する。drawn は draw
「～をかく」の過去分詞。過去形は drew。

6 (1)，(3)

解説 **関係代名詞 that の前には先行詞となる名詞が
必ずある**。また，that 以下の文の中に主語または
目的語が欠けていて，その位置に先行詞となる名詞
を入れると意味が通じるはずである。
(1)「これが私がこれまでに見た中で最もおもしろい
映画だということは，わかっています」
上記の2つの条件を満たしている。that I have
seen が the most interesting movie を修飾して
いる。

(2)「あれが何であるかはわかっています」
この that は指示代名詞。
(3)「マイクのお父さんが昨年建てた家を，私は知っ
ています」
that Mike's father built last year が the house
を修飾している。
(4)「彼女がフランス語を話せることを私は知ってい
ます」
know の目的語になる「…ということ」の意味の接
続詞。
(5)「私はピアノを弾いているあの女の子を知ってい
ます」
that girl の that は girl を修飾する「あの」という
意味の形容詞 (指示形容詞と呼ばれる)。

7 (1) ジェーンという名前の女の子がここに来
　　ました。
　　(2) 中国は長い歴史のある大国です。
　　(3) 私の兄 [弟] はそのニュースについて知っ
　　ているただ1人の [唯一の] 人です。
　　(4) 彼は日本のだれもが知っている有名な俳
　　優です。

解説 (1) A girl whose name is Jane「名前がジ
ェーンという女の子」が主語になっている文。
(2) a big country which has a long history「長
い歴史を持つ大国」が補語になっている文。
(3) the only one that knows about the news「そ
のニュースについて知っているただ1人の人」が補
語になっている文。
(4) a famous actor (who[that]) everyone in
Japan knows「日本のだれもが知っている有名な
俳優」が補語になっている文。

8 (1)，(5)

解説 省略できる関係代名詞は目的格の関係代名詞。
(1)「これは私が今までに飼ったうちで最も小型の犬
です」
the smallest dog は have ever kept の目的語に
あたるので，この関係代名詞 that は目的格。省略
可能。
(2)「これはこの鳥かごの中を飛ぶ最も大きな鳥です」
the biggest bird は **flies** の主語にあたるので，
この that は主格。
(3)「私の父にこの前の金曜日に空港で会ったその男
性は，スミスさんでした」

The man は met の主語にあたるので，この who は主格。

(4)「この前の金曜日，私はスミスという名の男性に会いました」

この文で使われている関係代名詞は whose。whose は所有格なので，省略できない。

(5)「彼の買った車は日本製でした」

The car は bought の目的語にあたるので，この which は目的格。省略可能。

9 (1) **who[that] came，ジョンが最初に来た人でした。**
(2) **which[that] says，『駐車禁止』と書いてある標識が見えませんか。**

解説 (1) the first person to come は「最初に来る人」で，関係代名詞を使って表すと **the person who comes first** となる。ここでは過去の文にする。

(2) say には「(本や掲示などに) ～と書いてある」という意味がある。元の文の saying は that[which] says と同じ意味。

10 (1) **He was an American man who [that] taught English in Sendai.**
(2) **This is the magazine (which [that]) I bought last month.**
(3) **She has[keeps] a dog whose name is Momo.**
(4) **I will[I'll] show you the pictures (which[that]) I took in Tokyo.**
(5) **Yoko is the only student that can speak Chinese in this school.**

解説 (1)「彼はアメリカ人の男の人 (＝仙台で英語を教えているアメリカ人の男の人) でした」と考える。「彼はアメリカ人の男の人でした」は He was an American man，「仙台で英語を教えているアメリカ人の男の人」は an American man who[that] teaches English in Sendai となるが，過去の文なので teaches は taught とすること。

(2)「これは雑誌 (＝私が先月買った雑誌) です」と考える。「これは雑誌です」は This is the magazine，「私が先月買った雑誌」は the magazine (which[that]) I bought last month となる。

(3)「彼女は犬 (＝名前がモモである犬) を飼っています」と考える。

「彼女は犬を飼っています」は She has[keeps] a dog，「名前がモモである犬」は a dog whose name is Momo となる。

(4)「あなたに写真 (＝私が東京でとった写真) を見せてあげましょう」と考える。「あなたに写真を見せてあげましょう」は I will show you the pictures，「私が東京でとった写真」は the pictures (which[that]) I took in Tokyo となる。

(5)「ヨウコは唯一の生徒 (＝この学校で中国語を話すことができる唯一の生徒) です」と考える。「ヨウコは唯一の生徒です」は Yoko is the only student，「この学校で中国語を話すことができる唯一の生徒」は the only student that can speak Chinese となる。先行詞 student に the only がついているので，関係代名詞は that を使う。

18 仮定法

p.126～127 基礎問題の答え

1 (1) ウ (2) イ (3) ウ (4) ウ (5) イ (6) ウ

解説 (1)「もしトムがひまなら，私に電話をかけてくるのに」

後ろに would があるので仮定法過去の文。

(2)「もしあなたが料理の仕方を習ったなら，あなたはよい料理人になるのに」

後ろに would があるので仮定法過去の文。

(3)「貧しい子どもたちに何かできたらなあ」

I wish「～ならいいのになあ」の後ろに続く文は仮定法過去の文。

(4)「もし暗くなったら，カーテンを閉めましょう」

後ろの文は「提案」を表す Let's ～. の文なので，ここでは「条件」を表す現在形で If ～ の文を表す。

(5)「もしもっとお金があったらどうしますか」

前半の文が would を用いた疑問文なので if 以下は過去形で表すのが適当。

(6)「もしこの近くにコンビニがあったら，私たちの生活はより楽になるのに」

後ろに would があるので仮定法過去の文。

2 (1) **wish I could speak English better**
(2) **If I had a friend in**
(3) **wishes she were a little taller**
(4) **If it snows heavily tomorrow**

47

解説 (1) I wish のあとに仮定法過去の文が続く形。

(2) 後ろの文に could があるので If を用いた仮定法過去の文。

(3)「願望」を表す wish を用いた仮定法過去の文にする。a little ～「少し～」。

(4)「雪が降る」は it を主語にして表す。heavily「激しく」。

3 (1) **were, could**
　 (2) **don't, cannot[can't]**

解説 (1)「忙しくて私はあなたといっしょに外出できない」という現在の事実を「もし私が忙しくなかったら，あなたといっしょに外出できるのに」を表す仮定法過去で表す。

(2)「もしもう1本ペンがあったら，これをあなたに貸してあげられるのに」という仮定法過去の文を，現実を表す文「もう1本ペンがないので，これを貸すことができません」という文にする。

4 (1) もし彼が新しい種類のテレビゲームを見つけたなら
　 (2) トムより速く走ることができたらなあ。

解説 (1) found と後ろの文にある would から仮定法過去の文だとわかる。a kind of ～「一種の～」，find「見つける」は find - found - found と変化。

(2)〈I wish + 仮定法過去〉の文。faster than ～ は「～よりも速く」を表す比較の表現。

5 (1) **were, could** (2) **wishes, could**
　 (3) **don't, can't[cannot, won't]**

解説 (1) 日本文の意味から現在の事実とは異なる仮定法過去の文を表す。alone「ひとりで」。

(2) wish を用いた仮定法過去の文で表す。She が主語なので3人称単数現在形 wishes となる。

(3)「条件」を表す文なので if に続く文とあとの文中にある動詞・助動詞は現在形でよい。

p.128～131　標準問題の答え

1 (1) イ (2) ウ (3) エ (4) ウ (5) イ
　 (6) イ (7) イ (8) イ (9) エ (10) イ

解説 (1)「お父さん，もしもう一度学生になったならどんなスポーツをしますか」

あとの文にある過去形 would から仮定法過去と考える。

(2)「もし日本語を読むことができたなら，ボブはこの小説が気に入るのに」

後ろの文にある would から仮定法過去の文だとわかる。

(3)「もしトムが明日来なかったら，私たちは彼なしでこの仕事をしなければならないだろう」

後ろの文は **will** のある未来形であることから，**if** に続く文は現在形で表す。「時」や「条件」を表す If ～ の文中に **tomorrow** や **next** ～ の語句があっても，ふつう現在形で表す。

(4)「ナンシーは自分が辞書なしで日本の漫画を読むことができたらなあと思っている」

wish のあとを仮定法過去の文で続ける形。

(5)「トムは自分がチャップリンのような喜劇役者だったらなあと思っている」

wish のあとを仮定法過去の文で続ける形。**comedian**「喜劇役者」。

(6)「あと50ドルあったなら，マイクはその新品のテニスラケットを買えるのに」

後ろの文にある could から仮定法過去の文だとわかる。

(7)「もしあなたが有名なシェフなら，どんなイタリア料理をつくりますか」

if の後ろに過去形の were があるので仮定法過去の文。**Italian**「イタリアの」，**chef**「シェフ」。

(8)「もしあなたがこのゆかたを着たならとてもかわいく見えるのに」

後ろの文に would があるので仮定法過去の文だと見抜く。**wear**「着る」は **wear - wore - worn** と変化。

(9)「もし国境がまったくなかったら世界はどのようになるでしょうか」

前半の文中に would があるので仮定法過去の文であることがわかる。あとは文意から考える。like が be 動詞と共に用いられると「～のような」の意味になるので注意する。**border**「国境」，**not ～ any** は「1つも～ない」を表す。

(10)「明日もし晴れれば，私はピクニックに行かないだろう」

「時」や「条件」を表す If の文から始まっているので，後ろの文は仮定法を使う文ではないとわかる。未来のことを話しているので後ろに続く文は will を使う。

48

2 (1) **were, would** (2) **were, would**

(3) **wish, had** (4) **he, were**

(5) **were, would** (6) **could, lived**

(7) **had, would** (8) **stops, will**

(9) **there, could**

解説 (1) 文意から「調子が悪くて試合に出られない」と考え，仮定法過去の形で表す。**be in good condition**「調子が良い」。

(2) 仮定法過去の文。**a little ～**「少し～」。

(3) wish を用いた仮定法過去の文。「いる」は **have** を用いて表す。

(4) wish の後ろは〈主語＋動詞〉。The little boy を he で表す。

(5) 戦争があるのは現在の事実なので，仮定法過去で表す。「～がある／ない」の there is ～ 構文なので，be 動詞 is を過去で表す。仮定法では主語の人称に関係なしに be は were で表されることを確認しよう。

(6) 「話せた」**could speak**，実際にはアメリカには住んでおらず英語が上手に話せないので仮定法を用いる。

(7) 仮定法過去の文。「～だろう」は **would ～**。

(8) 文意から「条件」を表す文であることがわかる。この意味の文においては If に続く文中が現在形で表されることに注意しよう。

(9) 「水がない」という現実とは異なる状況を仮定法過去で表す。**nothing** が主語となる文は「何も～ない」を表す否定文なので not は用いない。

3 (1) **were, could** (2) **wish, could**

(3) **knew, would**

(4) **won't[can't, cannot], busy**

(5) **study, can't[cannot]**

(6) **were, could**

解説 (1) well「体調が良い」「お母さんの体調が良かったならエレンは来ることができるのに」。仮定法過去の文。

(2) 「私の祖母は料理が得意です。私は彼女のようになりたいです」から「祖母のように上手に料理ができたらなあ」と「願望」を直接表す I wish ～. を用いた仮定法過去の文に一文で書きかえる。**be good at -ing**「～するのが得意だ」，**want to be like ～**「～のようになりたい」。

(3) 「リョウタはあなたの住所を知らないので，あなたの家を見つけられないでしょう」の文を「もしあなたの住所を知っていたら，リョウタはあなたの家を見つけられるのに」を表す仮定法過去の文に書きかえる。**be able to ～**「～できる」。

(4) 「もしすることが何もなければ，喜んでカラオケに行くんですが」を表す仮定法過去の文を現在の事実を意味する文に書きかえる。カラオケに行けないのは **busy**「忙しい」からだと考える。

(5) 「もし韓国語を勉強していたら，それが理解できるのになあ」を表す仮定法過去の文を現在の事実を意味する文に書きかえる。韓国語が理解できないのは，勉強していないから。

(6) 「もしプールがあればその学校の生徒たちは夏に泳げるのに」を仮定法過去の文で表す。

4 (1) もしあなたが鳥だったら，どこを [で] 飛びたいですか。

(2) 地球温暖化を解決できたらいいのになあ。

(3) もしあなたがお金を節約できたら，新しいかばんを買えるのに。

(4) あなたが頻繁に甘いものを食べるのをやめればなあ。

解説 (1) 仮定法過去の文。**would like to ～**「～したい」。

(2) 「～できたらいいなあ」を表す文。**solve**「解決する」，**global warming**「地球温暖化」。

(3) 仮定法過去の文。2 つの文に could があることに注意。**save**「節約する」。

(4) 「～すればなあ」を表す文。**stop -ing**「～するのをやめる」，**sweets**「甘いお菓子」。

5 (1) **I wouldn't do such a thing**

(2) **would you like to live**

(3) **If you had a chance to ride on a spaceship**

(4) **would get very angry if he knew this**

(5) **will go out if it is sunny**

(6) **wish I could understand the words of cats**

(7) **wish we had a dance club in our school**

(8) **if there were only twelve hours in a day**

解説 (1) **wouldn't do 〜**「〜しないだろう」

(2) **would like to 〜**「〜したい」の疑問文。

(3)「〜するチャンス」は **a chance to 〜** で表す不定詞の形容詞的用法。**ride on 〜**「〜に乗る」。

(4) **get angry**「怒る」。

(5)「条件」を表す文。明日のことについて話しているが，if から始まる文の動詞は現在形で表される。

(6)〈I wish＋仮定法過去の文〉。the words of cats ＝「ネコの言葉」。

(7)〈I wish＋仮定法過去の文〉。「あればなあ」＝「持っていたらなあ」。

(8) **there were only 〜**「〜しかない」。

6 (1) **If I were free, I could go to a movie with you.**

(2) **I wish I had another bike.**

解説 (1) 仮定法過去の文。

(2)〈I wish＋仮定法過去の文〉。another「もう1つの」

---

p.132〜135 実力アップ問題の答え

1 (1) イ (2) ウ (3) エ (4) ウ (5) イ
  (6) ア (7) イ (8) エ (9) ウ (10) ウ

2 (1) **younger than** (2) **where, has**
  (3) **told, that** (4) **made, her**

3 (1) **There are** (2) **who[that] are**
  (3) **Don't be** (4) **were, could**

4 (1) **What an old clock you have!**

(2) **Bob can run faster than John.**

(3) **Do you know when Tom left Japan?**

(4) **Is this the table which[that] your father made?**

(5) **I wish I could play the guitar.**

5 (1) **My father gave me this watch.** **[My father gave this watch to me.]**

(2) **The news will make my mother sad.**

(3) **Do you know who that boy is?**

(4) **If I were free, I would go to the library.**

---

6 (1) **What a beautiful dress she wears**

(2) **to hear that our team won the first prize**

(3) **Speaking English is more interesting than writing or reading it.**

(4) **one of the cities I like the best**

(5) **the name of the bird whose tail is long**

(6) **the days are getting shorter and shorter**

(7) **if I were able to understand dogs' words**

(8) **wish I had a friend who could speak Chinese**

解説 **1** (1) 後ろに than「〜より」があるので比較級を選ぶ。「あのぼうしは私のものよりかわいく見えます」

(2)〈one of the＋最上級（〜）＋複数名詞（…）〉「最も〜なうちの1人／1つ」

(3)〈not as 〜 as …〉は原級で表す比較の表現。「…ほど〜ない」。

(4)「丘の上に建つホテル」を関係代名詞を用いて表す。先行詞 hotel「ホテル」が「もの」なので which が正解となる。

(5) 後ろの name「名前」は先行詞 woman「女性」の名前のことなので her name の her を受ける所有格の関係代名詞 whose が正解となる。

(6)〈make＋もの（…）＋for＋人（〜）〉の語順で「〜に…をつくる」

(7)「あの犬はなんてゆっくり歩くのだろう」。直後の形容詞・副詞の意味を強める how「なんて」を用いた感嘆文。

(8)「そのボタンを押すのに足は使わないで」「禁止」を表す Don't 〜. の命令文。

(9)「もし疲れていたら彼は来ないだろうに」仮定法過去の文。

(10) I wish 〜. で「〜ならいいのになあ」と「願望」を表す仮定法過去の文。「スペイン語がわかればなあ」understand「理解する」は understand - understood - understood と変化。

2 (1)「〜より年下」＝「〜より若い」young を用いて比較級で表す。

50

(2) 文中に疑問詞が入る間接疑問。間接疑問の語順は〈疑問詞＋主語＋動詞～〉。主語に続く文は現在完了の継続「ずっと～だ」の文なので，現在完了の〈have [has] ＋過去分詞〉の形となる。

(3) 〈tell [told] ＋人（～）＋that ... 〉「～に…という[いった]」。

(4) 「マイクからの手紙が彼女をうれしくさせた」と考え，〈make＋人（～）＋形容詞（…）〉「～を…にさせる」の文で表す。

③ (1) 〈There is [are] ～.〉の文で「私たちの学校には2つ図書室がある」を表す。

(2) 後ろから the girls を修飾する現在分詞の形容詞用法の文「舞台で歌っている少女たち」の文を関係代名詞を用いて表す。先行詞は the girl と「人」なので主格の who または that となるが，続く現在進行形の be 動詞を複数形 girls を受け are で表せるかどうかがポイント。

(3) must を用いた「静かにしなければならない」を表す文を「騒いではいけません」を表す「禁止」の命令文 Don't ～. で表す。noisy「うるさい」。

(4) 「もしとても裕福ならその新品のコンピューターが買えるのになあ」仮定法過去の文。

④ (1) 「とても古い時計」を感嘆詞 What を用いて表すが，そのとき very はなくなることが多いので「古い時計」は an old clock となることに注意。

(2) 「ボブはジョンより速く走ることができる」と比較級の文で表す。

(3) 疑問詞 when が文中に入る間接疑問。when Tom の後ろは問いの did, leave から leave の過去形 left で表す。leave「～を去る，出発する」は leave - left - left と変化。

(4) 先行詞「テーブル」は「もの」なので目的格の関係代名詞 which または that を用いて1文にする。後ろにある文の it「それを」という代名詞は which [that] がその働きを受け持っているので不要となる。

(5) 〈I wish ～.〉は，仮定法過去の文で「ギターが弾けたらいいのになあ」を表す。

⑤ (1) 「～に…をあげる」は〈give＋人（～）＋もの（…）〉または〈give＋もの（…）＋to＋人（～）〉の語順で表す。

(2) 〈make＋人（～）＋形容詞（…）〉「～を…にさせる[する]」の文を will を用いた未来形で表す。

(3) Who is that boy?「あの男の子はだれですか」を Do you know ～? の文中に入れる間接疑問。間

接疑問は疑問詞の後ろにすぐ主語が続く。この文の主語は that boy である。who that is boy としない。

(4) 〈If I were ～, I would ....〉で表す仮定法過去の文。

⑥ (1) 〈What＋a [an] ＋形容詞＋名詞～!〉の感嘆文。名詞の後ろは主語→動詞の語順。

(2) be happy to ～「～してうれしい」。hear that ～「～であることを聞く」。win the first prize「優勝する」，win「勝つ」は win - won - won と変化。

(3) Speaking English「英語を話すことは」と動名詞を主語にして比較級の文を表す。

(4) city の後ろに目的格の関係代名詞が省略された I（主語）→ like（動詞）が続く文。one of ～「～のうちの1つ」。like ～ the best「～がいちばん好き」。

(5) bird「鳥」と tail「尾」の関係は「その鳥の尾」を表す「所有」の関係なので先行詞「鳥」の後ろの関係代名詞は whose となる。

(6) get short「短くなる」。「どんどん[ますます]～」は〈比較級＋and＋比較級〉で表す慣用表現。

(7) 〈If I were ～, I could ... 〉で表す仮定法過去の文。〈be able to ～〉「～することができる」。

(8) 先行詞 friend を who ～ が後ろから修飾するように並べる。全体の文は I wish ～. 「～ならいいのになあ」を表す仮定法過去の文。

不規則動詞の変化表

▶本冊p.36

1 ABA 型

	原 形	（意味）	過去形	過去分詞
☐	become	～になる	became	become
☐	come	くる	came	come
☐	run	走る	ran	run

2 ABB 型

☐	bring	持ってくる	brought	brought
☐	buy	買う	bought	bought
☐	catch	つかまえる	caught	caught
☐	find	見つける	found	found
☐	get	手に入れる	got	got, gotten
☐	have, has	持っている	had	had
☐	hear	聞く	heard	heard
☐	keep	とっておく	kept	kept
☐	leave	出発する	left	left
☐	lend	貸す	lent	lent
☐	lose	なくす	lost	lost
☐	make	つくる	made	made
☐	meet	会う	met	met
☐	say	言う	said	said
☐	sell	売る	sold	sold
☐	send	送る	sent	sent
☐	sit	すわる	sat	sat
☐	sleep	眠る	slept	slept
☐	spend	費やす	spent	spent
☐	stand	立つ	stood	stood
☐	teach	教える	taught	taught
☐	tell	話す	told	told
☐	think	考える	thought	thought
☐	understand	理解する	understood	understood

3 ABC 型

原 形	（意味）	過去形	過去分詞
☐ begin	はじめる	began	begun
☐ break	こわす	broke	broken
☐ choose	選ぶ	chose	chosen
☐ do, does	する	did	done
☐ drink	飲む	drank	drunk
☐ drive	運転する	drove	driven
☐ eat	食べる	ate	eaten
☐ fall	落ちる	fell	fallen
☐ fly	飛ぶ	flew	flown
☐ give	与える	gave	given
☐ go	行く	went	gone
☐ grow	成長する	grew	grown
☐ know	知っている	knew	known
☐ lie	横になる	lay	lain
☐ ride	乗る	rode	ridden
☐ see	見える	saw	seen
☐ show	示す	showed	shown, showed
☐ sing	歌う	sang	sung
☐ speak	話す	spoke	spoken
☐ swim	泳ぐ	swam	swum
☐ take	取る	took	taken
☐ throw	投げる	threw	thrown
☐ wear	着ている	wore	worn
☐ write	書く	wrote	written

4 AAA 型

☐ cut	切る	cut	cut
☐ put	置く	put	put
☐ read	読む	read	read

〈MEMO〉

〈MEMO〉